管理新思路：企业管理理论与实践

林志德　拾晓珮　刘芳梅　著

天津出版传媒集团

天津科学技术出版社

图书在版编目（CIP）数据

管理新思路：企业管理理论与实践 / 林志德, 拾晓
珮, 刘芳梅著. -- 天津：天津科学技术出版社, 2024.5
ISBN 978-7-5742-2166-6

Ⅰ.①管… Ⅱ.①林… ②拾… ③刘… Ⅲ.①企业管
理 Ⅳ.①F272

中国国家版本馆CIP数据核字(2024)第106355号

管理新思路：企业管理理论与实践
GUANLI XINSILU : QIYE GUANLI LILUN YU SHIJIAN

责任编辑：王　彤
责任印制：兰　毅

出　　版：天津出版传媒集团
　　　　　天津科学技术出版社
地　　址：天津市和平区西康路35号
邮　　编：300051
电　　话：（022）23332377
网　　址：www.tjkjcbs.com.cn
发　　行：新华书店经销
印　　刷：河北万卷印刷有限公司

开本 710×1000　1/16　印张 16.25　字数 216 000
2024年5月第1版第1次印刷
定价：98.00元

前 言

　　在当今快速变化的商业环境中，企业管理理论与实践的革新显得尤为重要。本书旨在为读者提供对现代企业管理的全面理解，探索并分析新时代下企业管理的核心理念与实用策略。

　　首先，本书从企业及管理的基本概念出发，为读者提供了理解企业管理的基础知识。企业作为经济活动的主体，在经济全球化和信息化的大背景下，其运营模式和管理需求正在经历深刻的变化，而理解管理的基本职能及现代企业管理的研究方法，对把握这些变化至关重要。其次，本书探讨了现代企业组织的成因、组织结构模式与特征，以及组织形式，分析了企业文化对企业竞争力的影响及现代企业文化的构筑与建设。企业文化既是企业精神和价值观的体现，也是推动企业持续成长的内在动力。本书通过分析影响企业文化的因素，为企业提供了如何构建和维护积极、健康的企业文化的洞见。企业战略管理分析章节深入探讨了企业战略管理的概述、环境分析及成长战略，强调了战略管理在引导企业适应和塑造市场环境中的核心作用，以及在实现企业长期发展目标中的关键作用。再次，本书关注思维创新在企业管理中的重要性，包括思维创新的研究、企业领导者的思维创新及企业新观念的树立；探讨了企业创新管理模式，包括开放式创新、逆向创新、绿色创新和整合式创新。最后，本书分析了技术跨越、学习型组织、知识管理和柔性管理等多种企业创新管理策略。

　　本书深入阐述了企业管理理论基础和管理方法，有助于企业理解和应用现代企业管理的核心理念和策略，以在不断变化的商业环境中实现更好的发展。通过本书，除企业外的普通读者也能获得企业管理、企业创新等方面的知识。

目录

第一章　现代企业与企业管理认识

第一节　企业与现代企业概述

一、企业的内涵

企业，作为商品社会中的基本经济单位，是社会化大生产的产物。尽管国内外学界对企业的定义无统一的说法，但通常认为企业是一个依法成立、具有法人资格的经济组织。企业自主经营，独立地享有权利和承担义务，通过从事生产、流通和服务等经济活动，满足社会需求并追求利润。

企业的基本特征包括以下几个方面。

（1）资源配置。企业拥有一定规模的生产设备和资金。

（2）运营场所。企业具备开展一定规模生产和经营活动的场地。

（3）人力资源。企业由一定数量的生产者和经营管理者组成，这些人员都具备相应的技能。

（4）经济活动。企业从事社会商品的生产和流通等经济活动。

（5）经营自主性与法人资格。企业进行自主经营和独立核算，并具有法人资格。

（6）营利目的。企业的生产和经营活动旨在获取利润。

从系统的角度看，企业可以被视为一个"输入—转换—输出"的系统。在这个系统中，输入的包括人力、财力、物资、时间和信息等资源，这些资源又可分为有形资源和无形资源；输出则包括有形的产品和无形的服务。因此，企业不仅是一个经济单位，更是一个集各种资源进行有效转换的复杂系统，其目的是创造价值并为社会提供商品和服务。

企业系统如图 1-1 所示。

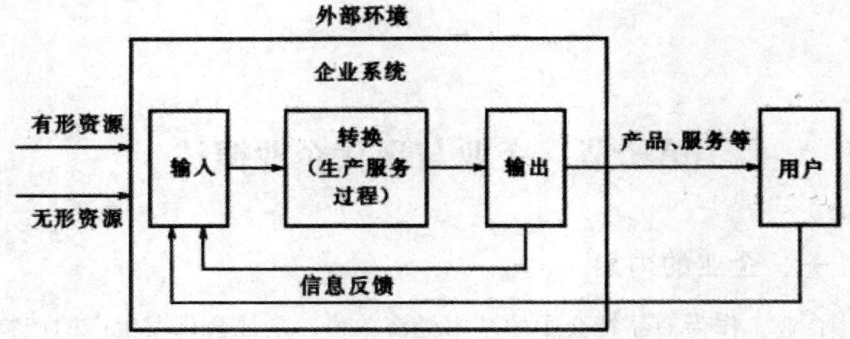

图 1-1　企业系统示意图

企业是人类社会生产力和商品经济达到一定发展水平的产物。[①] 在封建时期，生产活动主要以家庭手工业的形式存在。随着时间的推移，在封建社会晚期，生产力的发展促进了企业初期形态——手工业作坊的产生。这种形态随着资本主义的萌芽和发展而不断演化，社会生产组织形式也经历了重大变革。手工工场作为新的生产组织形式出现，并成为早期的业主制企业。这些早期业主制企业的生产规模，受到个人财产的制约，合伙企业应运而生，旨在集聚资本并分散风险。然而，合伙企业面临无限连带责任，对投资者构成巨大风险，这在一定程度上限制了其进一步发展。随着时间的推移，有限责任制度出现。经过长期发展，企

---

① 　蔡世刚．企业管理 [M]．西安：西安交通大学出版社，2017：3．

业终于迈入现代化发展的新阶段。现代企业规模的扩大、股东数量的增多、业务的繁杂，促使公司从最初的"企业主企业"逐渐转变为"经理人企业"。这种转变标志着企业从家庭手工业走向现代企业制度，实现了从传统到现代的历史性转型。在这一过程中，企业的经营方式、组织形式和法律地位均经历了深刻的变化，逐渐适应了生产力发展和市场需求变革。

二、企业的性质

（一）企业的产生

企业的出现和发展，从资源配置的角度来看，可以被视为一种减少交易费用的有效方式。这一概念最早由美国经济学家罗纳德·科斯（Ronald H. Coase）在其代表作《企业的性质》中提出，他通过交易费用分析了企业与市场的关系，解释了企业存在的经济学基础。

市场机制下产生的交易费用，包括寻找价格、获取市场信息、进行交易谈判和履行合同等方面的成本。在商品经济初期，由于市场规模较小，无论是物物交换还是货币交换，相关交易费用都较低。那时，商品生产主要以家庭为单位进行。但随着商品经济的持续发展和市场规模的不断扩大，生产者在获取价格信息、市场谈判、签订合同等方面的成本逐渐增加。为应对这种情况，生产者开始采用新的生产方式，即将生产要素集中于一个经济单位，并用内部管理替代市场交易的一部分，以此降低交易成本，这样的经济单位即企业。因此，企业在一定程度上可以被视为市场的替代品。从这个角度看，企业的出现和发展实际上是对市场交易成本变化的一种自然反应。随着市场的扩张和复杂化，企业作为一种更有效的资源配置方式，在经济系统中的作用日益凸显，成为推动经济发展的重要力量。

（二）企业的边界

虽然企业在某种程度上是市场的替代物，但市场交易依然存在，原因在于企业内部组织生产同样会产生成本。企业无法无限扩大以完全取代市场，原因在于企业的管理和运作也伴随着成本的产生。以企业管理为例，当企业规模扩大到一定程度时，管理的复杂性和困难程度也随之增加，即使是最能干的企业家也难以完美处理所有事务，难免出现疏漏和错误。因此，确定企业的适当规模就成了一个重要问题，企业家需要权衡企业成本和市场交易费用。

当企业内部协调和配置资源的成本超过通过市场交易产生的成本时，企业进一步扩大就变得不经济。换言之，当企业达到一定规模，即其内部组织一项交易的成本等同于在市场上进行同样交易的成本时，企业就达到了其规模边界。这说明企业和市场作为两种资源配置方式，它们之间存在着一种动态的平衡和互补关系。企业的存在和发展，不是为了完全替代市场，而是在某些情况下提供一种更高效的资源配置方式。

三、现代企业的特征

（一）技术特征

现代企业的技术特征体现在其对创新和技术进步的高度依赖上。现代企业通常采用最先进的技术，以提高生产效率，增强市场竞争力。它们不断研发新产品和改进现有产品，以适应快速变化的市场需求和消费者偏好。现代企业也积极运用信息技术和自动化工具，如人工智能、大数据分析、云计算和物联网等，这些技术和工具不仅改进了生产流程，也优化了供应链管理、客户服务，还增强了市场营销效果。在快速变化的商业环境中，对技术的持续投资和不断增强创新能力成为现代企业成功的关键因素，使得企业能够在激烈的市场竞争中保持领先地位。

（二）制度特征

现代企业的制度特征主要体现在其组织结构和管理模式上。现代企业倾向于采用更加灵活和分散的管理制度，这种制度以扁平化管理为核心，旨在减少管理层级，提高决策效率。在这样的体系中，决策过程更加民主化，员工的参与度更高，同时有利于促进员工创新能力和责任感的提升。现代企业普遍实行标准化、规范化的运作方式，以及绩效导向的激励机制，目的是确保企业目标与员工个人目标的一致性。现代企业还重视企业文化的培育，强调企业核心价值观的传播，以塑造独特的企业形象和增强员工的归属感。这些制度特征使现代企业在快速变化的市场环境中更具适应性和竞争力，能够有效应对各种挑战。

（三）组织特征

现代企业通常采用多层次、跨职能的组织结构，以适应复杂多变的商业环境。现代企业更强调团队合作和跨部门协作，以促进信息流动和资源共享。现代企业在组织结构上表现出高度的动态性，能够迅速调整其内部结构和业务流程，以应对外部市场和技术的变化。这种组织灵活性使得现代企业能够更快地推出新产品，同时更有效地应对风险。在人力资源管理方面，现代企业倾向于重视员工的多样性和职业发展，通过培训和激励机制提升员工的技能和创新能力。

（四）管理特征

随着生产社会化程度的提高，现代企业面临更加精细的分工和更紧密的协作，加之技术和工艺变得日益复杂，市场需求也在快速变化，这些因素共同推动着企业的生产经营活动必须遵循计划性、比例性和节奏性。为此，现代企业普遍采纳创新的管理思想，并在组织结构、管理方法及工具方面展现出现代化特质。这样的现代化管理方式能够帮助现代企业有效应对市场的复杂性和变动性，确保自身的生产经营活动既高效又有序，从而在激烈的市场竞争中保持领先地位。

现代企业与传统企业的区别表现在多个方面，如表1-1所示。[①]

表1-1 现代企业与传统企业的区别

项目	现代企业	传统企业
出资人数	较多、较分散	较少且集中
出资情况	以股东出资为基础，数额较大	以个人出资为主，数额较小
企业规模	较大	较小
法律形式	企业法人	自然人
承担责任	有限责任	无限责任
产权结构	所有权与经营权分离	所有权与经营权合二为一
管理方式	较先进，以现代化管理为主	较落后，以家族式管理为主
企业形式	以公司制企业为主	以个体、独资和合伙企业为主
技术特征	设备先进，应用现代科技	设备落后，主要依靠劳动者体力和技能
稳定情况	企业经营较稳定	企业经营不稳定

四、现代企业的类型

（一）按企业的所有制性质分类

1. 国有企业

国有企业的核心特征在于生产资料归全民所有，由代表全民的国家担任所有者。这类企业的显著特点包括国家代表全民拥有企业的财产所有权、企业规模较大、技术设备较为先进和技术力量较强。因此，国有企业在经济发展中起到关键作用。

2. 集体所有制企业

集体所有制企业是一种以集体所有制为基础的企业形式，主要特点是生产资料归集体成员共同所有。这类企业通常由社区、合作社或其他

---

① 蔡世刚. 企业管理 [M]. 西安：西安交通大学出版社，2017：5.

集体组织运营管理。在集体所有制企业中，决策过程往往更加民主，强调成员间的平等权利和责任，且其盈利通常用于集体福利和企业再投资，而不是分配给个别成员。这种模式有助于促进成员间的团结协作，增强成员对本地社区及其环境的责任感。集体所有制企业在实现经济目标的同时，着重于社会责任和环境责任的履行。

3. 个体私营企业

个体私营企业的主要特征是所有权和经营权高度集中在个人或家庭成员手中。这类企业通常规模较小，但灵活性高，能够快速适应市场变化和消费者需求。个体私营企业的决策过程简单、直接，主要由企业主负责，这使得决策效率高，能够迅速响应市场需求，其盈利主要归个人所有，企业主承担全部风险。该企业形式在鼓励创业和创新、推动经济多样化方面发挥着重要作用。

4. 混合所有制企业

混合所有制企业是一种结合了国有、集体、私人等多种所有制形式的企业模式，这种企业结构允许不同所有权的股东共同投资，共担风险，共享收益。混合所有制企业的特点在于其能够集合多方资源和优势，如政府的政策支持、私营部门的灵活性和创新能力，以及集体组织的社会网络。

（二）按企业所属的产业分类

1. 农业企业

农业企业专注于农业领域的生产活动，涵盖农、林、牧、渔等产业，主要产出是各类农副产品。根据生产活动的不同，农业企业可以进一步划分为种植业、畜牧业、林业和捕捞业等不同类型。

2. 工业企业

工业企业专注于工业品的生产，旨在为社会提供各种工业产品和相关服务。依据生产领域的不同，工业企业可进一步划分为制造业、采矿业和建筑业等。每个子领域都专注于特定类型的工业生产和服务提供。

3.服务类企业

服务类企业主要致力于提供各种服务，以满足社会的需求。服务类企业包括商业企业、金融保险企业、交通运输企业及其他各类服务提供企业。它们通过提供专业化的服务，为社会的运行和人民的日常生活提供支持和便利。

（三）按企业内部各生产力要素所占比重分类

1.劳动密集型企业

劳动密集型企业的特点在于它们依赖大量劳动力进行生产，技术装备水平相对较低，且在其产品成本结构中，人工成本占据较大比例。此类企业普遍出现在纺织、日用小五金、服务、儿童玩具等行业。它们的主要特征是对大量劳动力的需求，以及技术要求不高的生产过程。

2.资金密集型企业

资金密集型企业在生产单个产品上的投资较大，技术装备水平较高，而对劳动力的依赖相对较小。这些企业在钢铁制造、重型机械制造、汽车制造、石油化工等行业尤为常见。它们通常具备高劳动生产率、较低的物资消耗、单位产品成本较低和较强的市场竞争力等优势。

3.知识密集型企业

知识密集型企业是指核心竞争力和商业价值主要依赖专业知识、技术创新和高技能人才的企业。这类企业在研发、咨询、信息技术、生物技术等领域尤为常见，其成功依赖持续的知识创新和技术进步。知识密集型企业的特点是高度依赖专业人才的智力投入，对知识和信息的管理至关重要。它们通常具有灵活的组织结构，以促进创新思维和快速适应市场变化。

（四）按企业制度形态分类

1. 业主制企业

业主制企业，也称个人企业或独资企业，是企业形式中最古老和基础的一种。这类企业由单一个人投资成立，出资者即企业所有者，拥有企业全部财产。作为业主，他不仅负责企业的经营，还单独承担企业的所有风险，并以个人财产对企业的债务负无限责任。在法律上，业主制企业没有法人资格，被视为自然人企业。

2. 合伙制企业

合伙制企业是由两个或更多出资者共同投资、经营和控制的营利性组织。在这种组织中，合伙人共同出资，共同经营企业，共享利润，共担风险，并对企业债务负无限连带责任。合伙人之间的关系基于契约，缺乏法人的基本属性。建立合伙企业需要书面协议，以合伙合同的形式明确合伙人的范围、组织管理、出资额度、盈利分配、债务责任、退伙条件等基本事项。合伙人的出资不仅可以包括金钱，也可以包括权利、信用或劳务，且每位合伙人的权利与义务须在合同中明确规定。

3. 公司制企业

公司制企业是现代企业的代表形式。公司一般指由法定人数以上的投资者联合出资，设立独立注册资产、具备法人资格的经济组织，自主经营，自负盈亏。公司制企业的四个基本特征：首先，公司具备法人资格，享有法人的行为能力和权利；其次，公司实现了股东的最终财产所有权与公司法人财产权的分离；再次，公司法人财产具有整体性、稳定性和连续性；最后，公司实行有限责任制度，这是公司制企业区别于非公司制企业的核心特征。目前，公司制企业的主要组织形式包括股份有限公司和有限责任公司，它们在现代经济结构中占据重要地位，是企业形态发展的重要里程碑。

（五）按企业规模分类

根据规模的不同，企业通常划分为大型企业、中型企业和小微型企业。

在国际上，企业规模的界定通常依据三个主要的量化指标：雇员人数、资本额和年度营业额。但在使用这些指标判断不同行业的企业规模时，具体数值是有所差异的。例如，在我国，按照工业和信息化部、国家统计局、国家发展和改革委员会、财政部发布的《中小企业划型标准规定》，对于农、林、牧、渔业，营业收入 20000 万元以下的企业为中小微型企业。其中，营业收入 500 万元及以上的为中型企业，营业收入在 50 万元及以上的为小型企业，营业收入 50 万元以下的为微型企业。对于工业领域，从业人员不超过 1000 人或营业收入不超过 40000 万元的为中小微型企业。其中，从业人员 300 人及以上且营业收入 2000 万元及以上的为中型企业，从业人员 20 人及以上且营业收入 300 万元及以上的为小型企业，从业人员 20 人以下或营业收入 300 万元以下的为微型企业。

五、现代企业制度

（一）现代企业制度的概念

企业制度是指以产权为核心的企业组织制度与企业管理制度[①]，核心在于明确产权制度。产权本质上涉及财产的所有权及占有、使用、收益和处置等方面的权利。现代企业制度以市场经济为基础，以企业法人制度为核心，以公司制度为关键，强调产权清晰、权责分明、政府与企业职能的分离以及科学管理。这种制度适应了现代社会化大生产和市场经济的需求，反映了中国特色的企业制度，是国有企业改革的目标所在。现代企业制度强调的要点构成了现代企业制度的基本内涵。

现代企业制度包括以下几层含义。

---

① 权国政.工业企业管理[M].北京：中国铁道出版社，2022：87.

1. 现代企业制度是企业制度的现代形式

"现代"在现代企业制度中有双重含义：一是与中国计划经济体制下的传统企业制度形成对比；二是从企业发展的角度看，反映了企业形态从独资到合伙再到公司式的演变。公司式企业是进入现代社会后发展起来的组织形式。相比于传统企业制度，现代企业制度的一个关键步骤是将众多国有企业转型为公司制企业，不仅如此，这一制度同样适用于非国有企业。现代企业制度下的企业组织形式不仅包括股份有限公司和有限责任公司，还包括其他适应市场经济体制的形式，如无限公司、两合公司等，这表明企业制度在随着市场经济的发展不断创新和演进。

从我国国有企业改革的实践来看，混合所有制改革是现代企业制度创新的重点，这一改革旨在根据完善治理、强化激励、突出主业、提高效率的原则，将单一所有制企业转变为混合所有制企业，使国有经济和其他所有制经济更多地转向混合所有制，从而提升国有资本的功能和资本配置及运行效率。这种改革有助于优化资本、管理和劳动要素的配置，促进经济效益的提高，也体现了现代企业制度在实践中的适应性和创新性。

2. 现代企业制度是由若干具体制度相互联系构成的系统

现代企业制度不是单一的制度实体，而是涵盖了企业产权、组织形态和管理方式的综合体系。这一概念包括法人制度、产权制度、组织领导和管理制度等多个方面的有机结合。这种全面的视角有助于领导者在企业改革过程中避免简化认识，深化对已改制股份公司、有限责任公司以及当前进行的企业转制实践的理解。这也凸显了建立现代企业制度的复杂性和挑战性，因此，建立现代企业制度时需要综合考虑和实施多方面的改革措施。

3. 企业法人制度是现代企业制度的基础

在企业法人制度下，企业是人格化的法人，是独立的民事主体，拥有自主对外开展活动的能力。企业法人制度的关键在于所有权与经营权的分离，这意味着企业拥有自己的财产权（法人财产权），在对所有者负责的同时，可以独立管理企业财产。这种制度的建立，对激发企业的活力、增强企业的市场竞争力具有至关重要的作用。

在社会主义市场经济体制下，企业法人制度的建立对活跃经济至关重要。这一制度基于国家所有权和企业经营权的适当分离，确立了全民所有制企业的独立财产责任原则。在法律层面上，这使得国家财产和全民所有制企业经营的财产得到明确区分，全民所有制企业法人地位的明确和相应的法人破产制度的建立，使得这些企业成为真正意义上的自主经营、自负盈亏的商品生产者和经营者。这一改革促进了企业的经济核算和科学管理，也增强了企业在商品竞争中的活力，为我国社会主义市场经济的发展创造了更加有利的条件。

4. 产权制度是现代企业制度的核心

产权制度包括所有权、占有权、处置权和收益权等，这一制度的关键在于区分终极所有权与企业法人财产权。在此框架下，终极所有权主要体现在参与重大决策和获得收益上，而企业法人则享有财产的占有权和处置权。这种分离是改革国有企业的核心，旨在明确国家公共权力与企业民事权利的界限，实现政企分开，确保企业的自主性和灵活性。这种产权制度的确立对我国社会主义市场经济体制的发展具有重要意义，是对市场经济理论的创新，对国民经济的持续、健康、快速发展至关重要。

5. 现代企业制度以公司制为主要组织形式

现代企业制度以公司制为主要组织形式，但这并不意味着现代企业制度仅限于公司制这一种组织形式。这一制度主要是针对国有企业改革和传统国有企业制度提出的。在国有企业改革中，推行公司制度，特别是有限责任制和法人制度，是关键。但公司制只是现代企业制度的一种典型表现形式，因此，建立现代企业制度并不是将所有国有企业转变为股份有限公司或有限责任公司，而是要深入理解改革的深远意义，探索多种有效的企业形式，以适应不断变化的市场环境和经济要求。

（二）现代企业制度的特征

1. 产权清晰

产权清晰一直是我国经济改革中的关键议题，尽管经常被提及，但人们对其真正含义的理解仍存在差异。按照国际通行的解释，产权清晰涉及两个主要方面：一是法律层面的清晰，即产权的归属和边界在法律上的明确界定；二是经济层面的清晰，即产权在经济运作中的明确性，目的是保证产权的经济效益可以清楚地归属其所有者。这种双重清晰的确立对保障产权的有效运用至关重要，是市场经济顺利运行的有效保障。

2. 权责明确

（1）企业所有者的权利和责任。所有者根据其投资额享有资产收益、参与重大决策和选聘管理者的权利。在企业面临破产时，所有者承担与其投资额相对应的有限责任，这意味着所有者的权益与其承担的风险是相匹配的。

（2）企业经营者和劳动者的权利与责任。经营者受所有者委托，负责企业的日常经营活动，享有在一定范围内对企业资产进行经营的权利，并可以获取相应的收益。劳动者根据与企业签订的合同获得就业机会和相应的收益。这种划分确保了经营者和劳动者的权利受到保护，也明确了他们对企业的义务和责任。

（3）权利与责任的对等。现代企业制度强调权利与责任的对等。企业中的不同利益主体，包括所有者、经营者、劳动者及其他利益相关者，虽然在某些方面的利益可能存在冲突，但他们之间是相互制衡的。这要求每个主体有明确的权利和责任，并且这些权利和责任应相互匹配，以促进彼此间进行有效的监督和制衡。

3. 政企分开

（1）政资分开。这意味着政府的行政管理职能与国有资产的所有权职能需要明确区分。在这种架构下，政府主要负责宏观调控和行业管理，国有资产的所有权职能则由专门的机构如国有资产管理委员会来承担。这样的分工有助于减少政府对企业日常运营的直接干预，增强企业的自主性和市场竞争力。

（2）国有资产的管理职能与营运职能分离。这意味着国有资本的经营权会通过授权的方式交由投资或控股公司负责，从而实现国有资产管理部门与国有控股或投资公司的有效分离。这种分离使得国有资产能够得到更加有效和专业的管理，同时保障企业的独立性和市场化运作。

（3）资本金与财产经营分离。国有投资或控股公司通过对其他公司的出资参股或控股，行使国有资产的资本金职责，而这些公司则以独立的法人身份，负责国有资产的实际经营管理。这样的分离有助于明确企业的独立地位，允许企业依法自主经营，自负盈亏。

此外，现代公司制的特点之一是其多元投资主体，重大的生产经营决策通常由董事会制定。在这种体系下，国家作为国有资本的所有者，退居到股东的位置，依法行使股东权利并承担责任。这种机制减少了政府对企业内部事务的直接干预，同时提高了企业决策的效率和专业性。政企分开的实现还涉及企业原本承担的社会职能的转移，包括住房、医疗、养老等社会服务职能，这些职能应由政府和社会机构来承担，以确保企业专注于其核心的商业活动。

4. 管理科学

管理科学作为现代企业制度的一个关键特征，体现了企业运营的系统化、规范化和科学化。在这一框架下，企业不再依赖传统的经验主义进行管理，而是采用基于数据、分析和逻辑推理的方法来决策和优化各个方面的业务流程。管理科学的核心在于利用量化的技术和方法解决企业管理中的复杂问题，确保决策的合理性和效率。在实践中，管理科学体现在各个层面：①企业通过收集和分析数据优化运营策略，包括市场趋势、消费者行为、内部流程效率等关键指标的分析；②管理科学在人力资源管理中发挥着重要作用，如通过科学的方法进行员工绩效评估、人才选拔和培训；③管理科学还涉及财务管理、供应链管理、生产流程优化等方面，旨在通过系统化的分析和规划，提高资源的利用效率，降低运营成本，增强企业的市场竞争力。

管理科学还强调持续的创新和改进。企业不断利用新技术、新理念改进管理实践，如引入人工智能和大数据分析等技术提升决策的准确性和效率。总体来说，管理科学的应用使得现代企业能够在快速变化的市场环境中保持灵活性和适应性，同时确保决策的科学性和前瞻性。通过这种方式，企业能够实现可持续发展，更好地满足股东、员工和社会的期望。

第二节　管理的基本知识

一、管理的内涵

管理是组织为了达到个人无法实现的目标，通过计划、组织、协调、控制等各项职能手段，合理协调资源的过程。[①]

管理的定义包括以下几个关键要素。

（1）管理的主体是组织。管理活动发生在各种组织中，这些组织可以是企事业单位、国家行政机构、社会团体等，它们都需要通过管理维持正常的运行和实现目标。

（2）管理的客体是资源。资源的种类繁多，涵盖人力、资金、物质和信息等方面。在这些资源中，人力资源的重要性尤为突出，因为组织的建立和发展离不开人的参与。管理的核心在于围绕人进行资源的分配，

---

① 　钱坤，俞荟，朱蕾. 企业管理 [M]. 北京：北京理工大学出版社，2020：10.

确保资源得到有效利用。

（3）管理活动的构成。管理活动远不止管人、管财、制定规章制度这么简单，还涉及制定发展战略、构建组织结构、激励和领导人员，以及危机管理等多方面的工作，这些工作包括但不限于计划、组织、指挥、协调和控制。

（4）管理的目的。管理的存在是为了实现特定的目标。每个组织的活动都是有目标的，而管理正是围绕这些目标展开的。目标不只是管理活动的起点，也是其终点，如果没有明确的目标，管理就失去了存在的意义。

二、管理的职能

（一）计划职能

计划作为管理的重要环节，是管理者对未来活动的预见和安排，旨在实现组织的目标。这个过程涉及确定组织目标、选择实现目标的方法、确立计划原则、编制及执行计划等关键步骤。计划是管理的基石，也是其他管理活动得以顺利进行的前提条件。作为一项高度科学的活动，有效的计划制定是管理者成功的关键。计划的内容通常涵盖以下六个核心要素。

（1）目标和内容。这是计划的核心，明确组织要实现的具体目标和需要进行的活动。

（2）原因。这一部分着重于计划的目的和理由，关注组织的使命和价值观。

（3）人员配备。确定负责执行计划的人员，明确各自的角色和职责。

（4）地点。指定计划实施的具体位置或地域范围。

（5）时间安排。规定计划的时间表和阶段性目标，确保时间的合理安排。

（6）实施方式。涉及计划执行的具体方法、策略和手段，确保计划的有效实施。

（二）组织职能

组织职能的核心在于将计划目标转化为实际行动。这一职能涉及资源的有效配置、部门的划分、权利的分配以及工作流程的顺畅协调。为了实现设定的目标，管理者必须明确划定完成目标所需的各项工作内容，包括对任务的识别、分析和划分，确保每个部分都能得到适当的关注和资源投入。对这些工作内容进行分类并构建起相应的组织结构是至关重要的，管理者应建立不同的部门和团队，并确保它们之间的工作能够协调一致，避免资源浪费和职责重叠。

组织职能还要求管理者明确承担完成特定任务的人员，并为这些人员授予必要的权利，这涉及在组织内部合理分配职责和权利，确保每个人员都清楚自己的工作范畴和职责。除此之外，还要建立明确的责任和报告体系，用来监控进展情况并确保按时完成任务。可以说，组织既是计划的必然延伸，也是确保计划顺利实施的关键环节，通过合理的组织设计和职能分配，可以为计划的成功实施提供坚实的基础，确保组织目标的有效达成。

（三）领导职能

在管理过程中，领导职能占据核心地位，涉及管理者利用权力影响和指导人员实现既定目标。为了成为优秀的领导者，管理者需要掌握激发和调动员工积极性的技巧，深入理解个人和团队的行为规律、沟通方式、领导模式和理论。领导工作是管理中最具挑战性的工作，要求领导者不断提升领导技巧和个人素质。

（四）协调职能

协调作为管理的一个关键职能，涉及管理者在处理组织内外部关系时的策略，特别是要确保组织内各部分和成员的行为与整体目标相一致。它的主要作用是避免活动间的冲突和重复，创造和谐的合作关系，并维持组织的整体平衡。协调与传统的指挥有所不同，它既可以通过直接指令实现，还可以借助调整人际关系、优化流程环节和达成共识等多种方式实现。

（五）控制职能

控制是通过制定标准检验实际工作，确保成果与计划相一致的过程，这一过程包括确立标准、发现偏差、进行纠正等步骤。为有效实现组织目标，管理者需要对人员和活动进行恰当控制。控制可采取多种形式，如经济控制和组织控制，关键在于掌握控制的重点，这是确保按计划达成目标的关键。实施控制需要依赖管理者的经验和直觉。

三、管理的科学性与艺术性

（一）管理的科学性

管理的科学性体现在管理对科学理论和方法的依赖，强调管理过程须遵循基本的管理原理和规则上。

管理的科学性要求决策和执行过程基于科学的判断和合理的方法。忽视管理的科学性，不遵从管理的原理和规则，只凭个人意愿进行管理，将导致管理活动偏离正确轨道，最终可能面临失败的后果。

（二）管理的艺术性

管理的艺术性指的是管理活动中表现出的创造性和个性化方法。管理的艺术性来源于三个关键方面。

第一，管理活动总是发生在不断变化的环境中，这要求管理者根据变化的情况灵活调整自己的管理策略和技巧。有效的管理并非刻板地套用固定模式，而需要根据具体情况、环境的变化进行适应和创新。例如，在经济危机或市场波动时期，管理者需要采取更加果断和灵活的策略，以应对不确定性带来的挑战。

第二，管理的主要对象是人，而人具有高度的主观能动性和情感多样性。不同的个体有不同的性格特征和情绪反应，因此，管理者需要具备敏锐的洞察力和同理心，以理解和尊重不同员工的需求和反应。优秀的管理者能够根据不同员工的性格、情绪和动机采取不同的激励和沟通方式，以促进团队协作和组织目标的实现。

第三，管理者自身的性格多样化也对管理风格和方法产生影响。不同性格的管理者可能采取不同的管理方式。例如，胆汁质的管理者更加果断和直接，而多血质的管理者更加灵活，适应性更强。管理者的个性特征和经验不仅影响他们的管理风格，也影响他们与团队成员交流和合作的方式。

（三）管理是科学性与艺术性的统一

管理既是一种科学，也是一种艺术。其科学性体现在遵循管理的基本原理和规则上，而艺术性体现在根据特定情况进行创新和个性化管理上。管理的艺术性可以转化为科学性，而管理的科学性又可以指导和丰富管理的艺术性，二者相互影响、相互促进，形成管理活动的有机统一。

第三节 现代企业管理的研究方法

一、理论联系实践的方法

企业管理理论是对管理实践经验的科学梳理和总结。学习企业管理不限于掌握理论知识，更关键的是将这些理论应用于管理实践中。理论的价值在于其能够经受实践的检验并不断发展，同时能够应用于企业管理，提升企业的管理效能。

要有效地融合理论与实践，需要采取实事求是的科学态度，深入企业管理的具体实践进行调研，在此过程中，既要关注企业管理的普遍规律，也要注意到不同企业的特殊情况，以识别理论应用的具体条件。通过科学的逻辑思维方法，管理实践经验可以转化为理论知识，理论知识再次回到实践中，指导企业的生产和经营活动，从而形成理论与实践相互促进的良性循环。这样的过程一方面丰富和完善了管理理论，另一方面提升了企业管理的实际效果。

二、系统分析的科学方法

系统论是现代管理学中的一个重要观点和方法论，它将企业视为一个复合的社会技术经济系统，认为企业管理是一项综合性的系统工程。企业管理的广泛性体现在其涉及众多专业领域，由不同的职能部门和管理人员分工负责。作为一个整体系统，各管理部门之间相互联系、互相促进和制约，并随着经济和科技的发展不断演进。在处理管理问题时，系统论强调不能将问题孤立考虑，而是综合考虑它们之间的相互关系，实现统筹兼顾和综合优化，以提高系统的整体效益。面对企业规模日益扩大的现实，系统论提供了理解和管理这些大型系统的有效工具。此外，企业的多元目标涉及营利、市场地位、国家利益、自身发展、员工满足等，往往存在冲突，系统论能够帮助企业寻求满意的管理方案。

系统论的实用性在于其为处理传统思维难以解决的课题提供了新的视角和方法。例如，利用系统层次概念和递阶控制原理有效解决大型系统的管理控制问题；运用系统整体相关概念和多目标规划方法解决多元目标系统的优化问题；模型模拟的应用可解决动态系统的控制问题。因此，在企业管理领域，系统分析方法成为一种关键的研究工具，它既能增强理论的实用性，也能提高管理实践的有效性。

三、定性分析与定量分析相结合的方法

定性分析主要关注事物的性质和特征，强调依赖个人的经验和知识来进行。在企业管理中，定性分析对处理那些不可控制、难以量化或无法用数学模型表达的问题非常有用。例如，分析宏观经济的发展趋势或国家的产业政策主要依赖管理者的经验和学识。定性分析存在一定局限，如缺乏科学的量化基础，主观性较强，有时可能导致决策过于依赖个人意见。

相对于定性分析，定量分析则着重对事物的数量特征进行分析。在企业管理的早期，定量分析多基于初等数学知识进行简单的计划制订。随着线性代数、概率论、数理统计、运筹学以及电子计算机技术的发展，定量分析在企业管理中的作用变得越来越重要，这种分析方法能够更精细地处理数据，电子计算机技术的应用更是为定量分析提供了广泛的应用前景。

在实际管理活动中，定性分析与定量分析之间存在辩证统一关系，没有准确的定性分析作为指导，定量分析很可能失去方向，但如果过度依赖定性分析而忽视定量分析，则难以全面、准确地把握和预测数量变化。二者的结合可以帮助管理者更全面地理解和掌握管理对象，从而更有效地组织生产，提升企业管理水平，推动企业管理向更加科学化的方向发展。

四、应用相关学科的理论知识

企业管理学是一门跨学科、多领域的综合性科学。管理者需要兼具对经济规律的客观理解和对自然发展规律的深刻洞察，他们的知识范围不应限于经济学，还应涵盖技术和人文学科。管理者应既能聚焦当前实际，又能展望未来发展趋势；既要了解本企业的具体状况，也要把握宏观环境、市场动态以及竞争对手的发展变化。

为了有效学习和研究企业管理，管理者需要综合应用与企业管理密切相关的多学科知识，包括但不限于哲学、政治经济学、宏观经济学、管理学、工程技术学、社会学、心理学、数学、会计学、统计学、运筹学、法学和国际贸易学等。这种跨学科的知识能够为企业管理提供全面的理论支撑和实际应用的指导。

五、借鉴国外成功的先进理论

企业管理作为科学的一个分支，在西方国家经过 200 多年的发展，已经形成了丰富的经验和理论，其中既包括成功的经验，也包括失败的教训，形成了一系列具有普遍意义的科学理论，成为人类共享的精神财富。面对技术和管理水平的不断挑战，追赶和学习成为我国企业管理者的必然选择。一方面，需要积极探索并总结本土管理实践中的成功经验；另一方面，需要学习、借鉴国外企业管理的科学理论和先进经验，实现理论的本土化和创新。这一过程的关键在于综合运用各种理论和实践，创造出具有本土特色的企业管理学，以推动管理水平的全面提升。

第二章　现代企业组织

第一节　现代企业组织的成因

一、现代企业组织演变的历史因素

在农耕社会，主导的生产形式是家庭承担的小规模农业生产，即使存在冶炼业、采矿业等工业活动，它们的主要作用也是为农业生产提供更新的农具，而对促进工业发展的影响相对有限。在这种社会结构中，扩大生产规模的主要途径是增加家庭人口和耕作土地，但个别家庭能提供的人力资源有限，因而在家庭人口基础上发展生产的专业化受到严重限制。

在历史早期，荒地资源相对充裕，社会的生产力水平随着可耕地与人口数量的增加逐步提高。但农业生产的扩展依赖家庭人口和耕地的增加，导致生产专业化的作用较弱，进而限制了工业专业化水平的提升，并且农民生产所得主要用于家庭消费和土地租金，社会消费需求的扩张因此受限，这些因素综合削弱了生产的扩张。

在这种社会环境下，虽然有人可能期待出现一些大土地所有者，从而采用有利于推动专业化的农业经营方式，但这种可能性极小，原因如下。

（1）在这种社会中，土地所有者的土地实行诸子平均分割制，即土地所有者的子孙共同继承土地。

（2）由于可开垦荒地总量有限，扩展生产的根本资源不可能无限增长。农业生产无法实现可持续扩张，经历一定时期增长后最终陷入停滞。

农业的停滞不仅标志着动荡的开端，也是农业社会终结的关键因素。在农业社会中，虽然增加耕地的可能性有限，但家庭基于增加人力资源的生产扩展方式仍在持续，导致人口相对于生产工具的贬值，社会对生产工具需求减少，从而削弱了通过改进工具促进生产的动机，进而导致工业发展缺乏足够的刺激。由于人力成本较低，生产中增加人力的动机增强，但在可耕地增长潜力几近枯竭的背景下，人口增长反而构成对土地所有制保障机制的威胁。

在农业社会，新生人口难以获得生计所需的土地，不断增长的人口对土地的需求最终只能通过战争或自然灾害来缓解。这种现象反映出，虽然农业社会存在工业活动，但其组织经济活动的途径和方式与现代工业社会截然不同。

农业社会的经济活动缺乏现代意义上的工业化动力和组织方式，社会消费需求的扩张受到农民自给自足的生产方式的限制，进一步削弱了工业的发展和专业化进程。而人口的增加在可耕地增加潜力减少的情况下，反而成为对土地所有制保障机制的威胁，导致社会动荡。所以，农业社会的生产模式和社会结构在很大程度上限制了其生产发展和专业化进程。

农业社会中虽然存在着某种规模的经济活动，但受生产方式和结构的限制，现代企业组织模式并未出现。即使如此，人类对经济增长的追求仍旧没有停息，在近现代，随着工业革命的兴起，大机器生产成为工业的代表，这种生产方式和组织形式是现代企业的关键特征。

现代企业与传统农业社会中的经济组织存在根本区别，现代企业依赖与农业社会完全不同的制度体系，其对资源的运营方式也与农业社会的经济活动截然不同。现代企业并不限于制造业，而是涵盖从钢铁到旅游等多个行业，是一个与农业相对的概念，是制造型生产组织的总称。现代企业的显著特点在于其依靠持续深化的生产分工和不断采用先进技术实现持续增长和发展，因此，深化生产分工和开发、应用先进技术的能力成为企业的核心特性。在这种组织中，那些拥有组织控制生产要素的权利的人被称为企业家或管理者，他们负责引导和管理企业的运营，使其在竞争激烈的市场中保持活力和成长能力。

现代企业的兴起，标志着人类社会从以土地和人力为核心的农业生产模式，转变为以技术创新和生产效率为驱动的工业生产模式，这既促进了经济的快速发展，也深刻地改变了社会结构和人们的生活方式。

二、现代企业组织架构不断完善的因素

经济组织形式的转变根源于有效率的组织形式在竞争环境下替代效率较低的组织形式的经济逻辑，特别是在市场竞争激烈的情况下，企业能显著减少交易成本。在这种背景下，如果企业能够随规模扩大而有效地协调其内部组织结构，那么企业内部的协调机制将逐渐取代市场价格机制。

大机器生产虽能持续扩张，但这种扩张需要一定的社会条件，如基于非血缘关系的人们之间的合作，以及有利于完全竞争的市场结构等。社会的公正程度同样会影响社会财富的积累。深入理解这些合作条件及合作模式，是理解企业形成的内在原因。

然而，这些条件和模式在工业化初期并不完全存在，早期的工业生产以生产资料的私有制为基础，推动了企业主不断深化生产分工、采用先进技术以最大化利润和维持竞争优势。与此同时，工人的收入远低于

企业主，这种收入差距造成了工人阶级的后代大部分像他们的父辈一样生活在贫困中，这对工人阶级不利，也对大机器生产的可持续性构成了威胁。

因此，尽管现代工业生产以私有制为基础，但它在早期阶段面临着工人阶级贫困化的挑战，这对工业生产的持续扩张是不利的，因为工人阶级的窘困生活条件限制了他们的消费能力，进而影响了工业生产的市场需求。因此，虽然现代企业在技术和生产分工方面取得了长足进步，但它在社会公平和分配正义方面还有较长的路要走。

第二节 现代企业的组织结构与特征

一、现代企业的组织结构

（一）直线制

直线制的组织结构如图 2-1 所示。作为一种历史悠久且极为简单的组织结构，直线制的特点在于其垂直的领导体系。在该结构下，企业的各级行政单位直接受其上级的领导和指挥，下属部门仅遵循单一上级的指示[①]，每一级管理者只对自己职责范围内的所有问题负全部责任。在直线制中，总经理或厂长一般不设置独立的职能机构，所有管理职能几乎全部由行政管理者个人执行，有时可借助少数职能人员的协助。

---

① 郭懿，胡杰林.现代企业管理实务 [M].天津：天津大学出版社，2019：10.

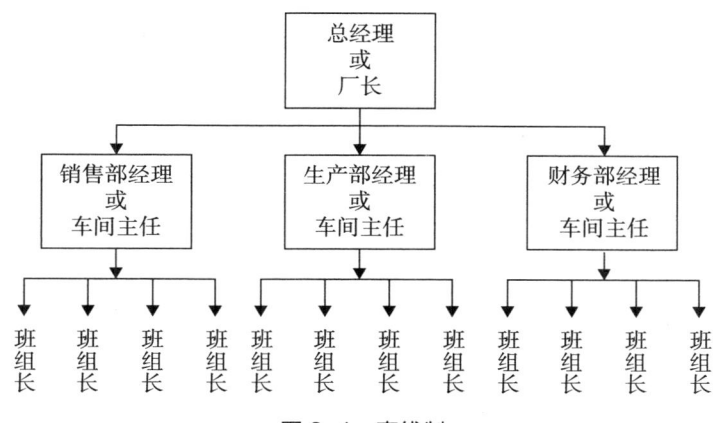

图 2-1　直线制

这种结构的主要优势在于简洁明了，责任和命令的传递路线非常清晰。其明显的缺点是对管理者提出了较高的要求，他们需要掌握多方面的知识和技能，并亲自处理各类业务。在企业业务较为复杂或规模较大的情况下，管理者往往会力不从心，因此，直线制主要适用于规模小且生产技术简单的企业。

（二）职能制

职能制的组织结构如图 2-2 所示，在传统的直线制基础上增设了各级职能机构。在这种结构下，除了每级行政单位的主管负责人，还会设立专门的职能机构和人员，如在总经理之下配备职能部门协助管理工作。在职能制中，行政管理者需要将某些管理职责和权利转交给相应的职能机构，这些机构在自己的业务范围内对下级行政单位具有一定的指令权。

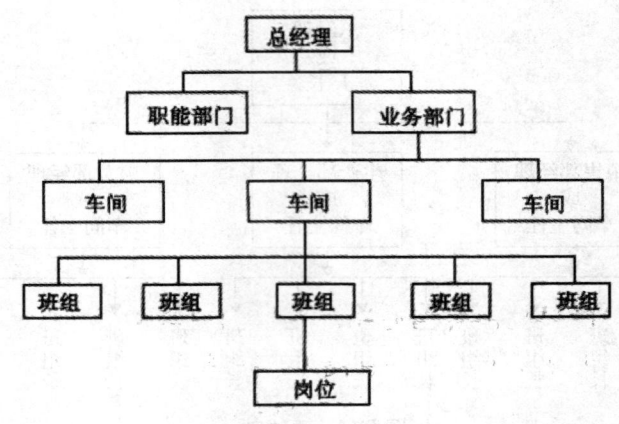

图 2-2　职能制

这一组织结构的主要优点在于适应了现代化工业企业中生产技术的复杂性和管理工作的细致性，通过职能机构的专业管理，既可以有效减轻直线领导人员的工作负担，还能够充分发挥专业部门在管理中的作用。但职能制结构的缺点也非常明显：一方面，多头领导可能会妨碍必要的集中领导和统一指挥；另一方面，这种结构不利于在行政负责人和职能部门之间建立和维护清晰的责任制，中间管理层可能会出现责任推诿和功劳争夺的情况。更重要的是，当上级行政领导和职能部门的指示与命令出现矛盾时，下级部门容易陷入混乱，这会严重影响工作的正常进行，导致组织纪律松散，生产管理混乱。

由于职能制组织结构存在这些显著的缺点，现代企业一般不采用这种组织结构，而趋向于采用更加灵活、高效的组织结构，以适应快速变化的市场环境和复杂多变的管理需求。

（三）直线－职能制

直线－职能制的组织结构如图 2-3 所示。该结构又称生产区域制或直线参谋制，是一种结合了直线制和职能制优点的组织结构。该结构得到了广泛应用。在这种组织结构下，企业的管理机构和人员被分为两个主要类别：一是直线领导机构和人员，这一类别根据命令统一的原则，对各级组织实行指挥；二是职能机构和人员，这一类别则基于专业化的原则，负责企业的各项职能管理工作。

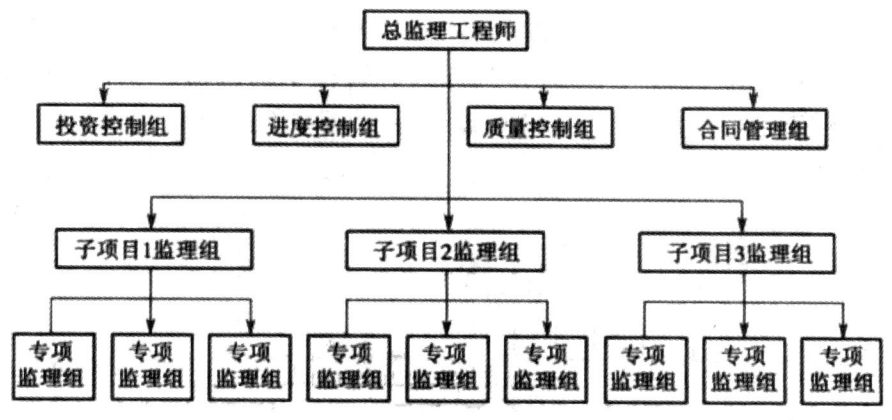

图 2-3　直线－职能制

在直线－职能制中，直线领导机构和人员在自己的职责范围内拥有一定的决策权和对下级的指挥权，并对自己所负责的部门承担全部责任。而职能机构和人员作为直线指挥人员的参谋，没有权力直接对具体部门发号施令，而是提供业务指导。直线－职能制组织结构的显著优势在于它确保了企业管理体系的集中与统一，还使得各级行政负责人能够充分发挥各专业管理机构的作用。直线－职能制的缺点有：职能部门之间的协作配合效率较低；职能部门的许多事务需要向上级领导汇报和请示，既增加了上级领导的工作负担，也导致整体办事效率的降低。

（四）事业部制

事业部制的组织结构如图 2-4 所示，该组织形式主要适用于那些规模巨大、产品种类多样、技术复杂的大型企业，它是一种在高层集权的基础上实行的分权管理体系。近年来，我国的一些大型企业集团或公司采纳和实施了这一组织结构。

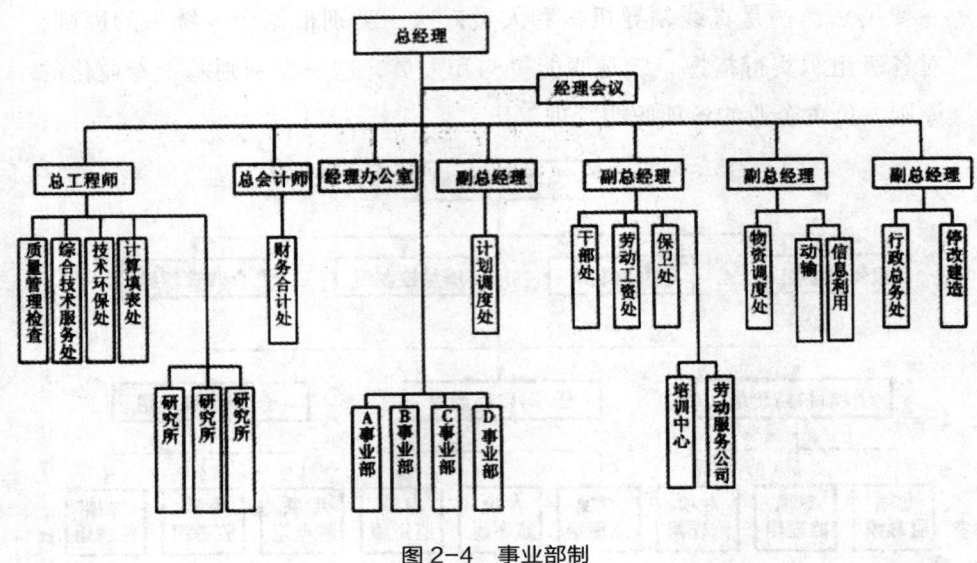

图 2-4　事业部制

在事业部制中，企业会根据地理区域或产品类别划分多个事业部。每个事业部负责从产品设计、原料采购、成本核算到产品制造和销售的全过程。事业部制实行分级管理和分级核算，每个事业部进行独立核算，自主经营，自负盈亏。企业总部则保留关键的人事决策权、预算控制权和监督权，并通过诸如利润等指标对事业部进行绩效评估和管理。此外，某些事业部可能仅负责生产的指挥和组织，而不涉及采购和销售，实行生产与供销分立的管理模式，但这种类型的事业部正在逐渐被以产品为中心的事业部所替代。另一种事业部的划分则是基于地域，根据不同地区的需求和特点进行管理和运营。通过这种多样化的管理和运营方式，事业部制能够更好地适应大型企业复杂多变的管理需求和市场环境。

（五）模拟分权制

模拟分权制的组织结构如图 2-5 所示，它位于直线－职能制和事业部制之间，适用于一些特定的大型企业，如钢铁和化工等连续生产型企业。这种组织结构产生的背景是这些企业由于产品品种的特定性或生产工艺的复杂性，很难被划分为独立运作的事业部。企业规模的庞大也使得高层管理者难以有效地采用其他组织结构形式进行管理。

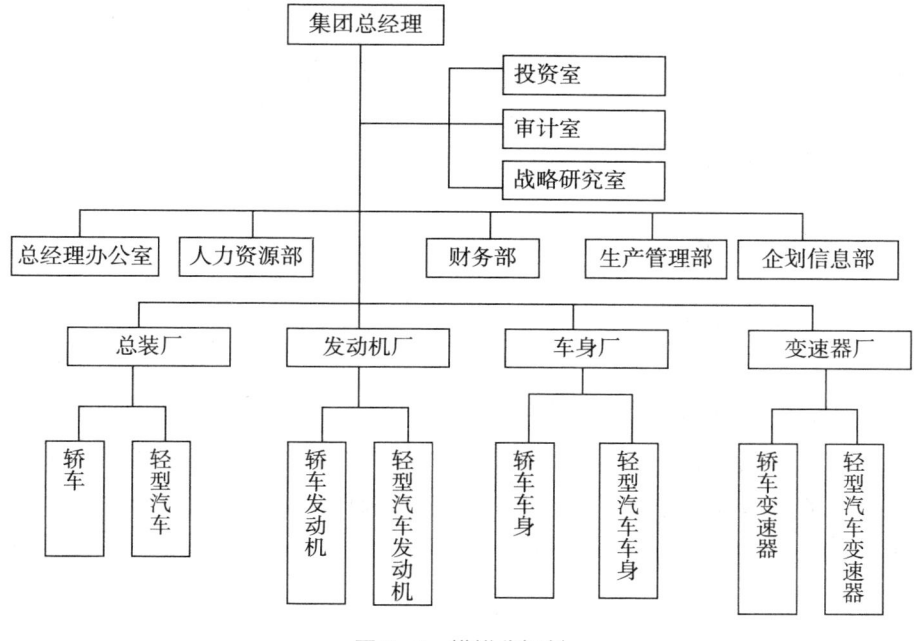

图 2-5　模拟分权制

　　在模拟分权制中，企业被分为若干个生产单位，每个单位都设有自己的职能机构，并拥有相对较大的自主权，这些单位承担着类似事业部制下的独立经营和核算职责，但它们并非真正意义上的独立事业部，这些单元的任务是在模拟事业部制的基础上激发生产经营的积极性，以改善企业整体的生产和管理效率。由于这些生产单位的产品或原料在生产过程中直接转移，无须停顿或中转，所以它们之间的经济核算通常基于企业内部价格而非市场价格。这种内部核算的特点表明，尽管这些单位享有一定的自主权，但它们没有自己独立的外部市场，与真正的事业部存在显著差异。

　　模拟分权制的主要优点在于能够激发各个生产单位的积极性，并解决由企业规模过大导致的管理难题。这一结构使得高层管理人员能将一部分权力下放至生产单位，减少自身行政负担，进而将更多精力集中于企业的战略规划和决策。但这种模式也存在一定的缺点，首先，对于模拟的生产单位来说，明确具体任务可能存在困难，这可能导致对单位绩效的评估变得复杂。其次，各生产单位的领导可能难以全面了解企业的整体状况，信息交流和决策权力在不同单位间可能存在沟通障碍和不平衡，这可能影响整个企业的运行效率和管理效果。

（六）矩阵制

矩阵制的组织结构如图 2-6 所示。其核心在于，企业内部的职能部门（如研究、设计、制造等）和针对特定项目组成的跨职能团队共同协作，实现任务目标。此组织结构特别适用于需要多部门合作的项目，如新产品开发或特定研究项目。矩阵制的组织结构通常固定，但参与人员却根据项目需求而变化，项目组织成员根据所需专业技能从不同部门抽调，形成一个具有特定目标和任务的临时小组，项目完成后，这些人员会返回各自的原部门。这种临时性的、多专业的团队结构，使得矩阵制成为适应快速变化和具有挑战性项目需求的理想选择。

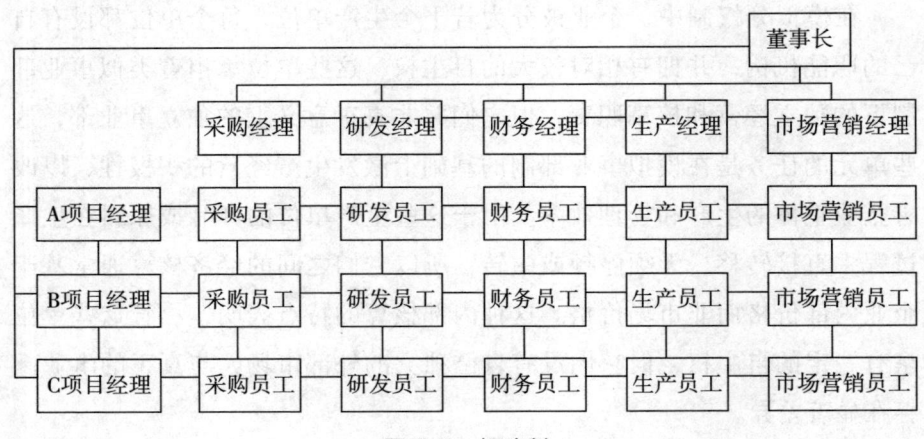

图 2-6　矩阵制

矩阵制的优势在于其高度的灵活性和适应性，项目组织能够随项目的开启和结束而快速组建或解散。由于成员来自不同的专业背景，且每个项目都有清晰的目标和方向，所以能够促进跨部门的沟通和合作，促使组织内的专业知识和资源得到有效利用，增强团队解决问题和创新的能力。此外，团队成员被选派参加特定项目，通常会产生较强的责任感和归属感，从而产生较大的工作热情，进而提高项目的完成效率。

矩阵制的缺点是项目负责人的责权不匹配问题，在这种结构下，项目成员虽然一起努力实现一个共同目标，但他们的正式隶属关系依然在原部门，导致项目负责人在管理和激励上面临困难，无法充分施展对团队的管理与激励作用。

二、现代企业的特征

（一）分立化

分立化通常呈现为横向分立和纵向分立两种形式。

横向分立指的是企业将具有发展潜力的产品线或业务领域单独剥离出来，形成独立的子公司，并由具备相关技术和管理能力的人员负责运营。例如，西门子，一个涵盖电气、机械制造、电子计算机、医疗设备、通信技术等多领域的企业，将其研发成果广泛应用于公司各个部门的产品中。纵向分立则是企业在同一产品线中进行上下游业务的分离。以美国某半导体公司为例，该公司将资金投入专注于半导体研究和开发的小型公司，既避免了公司规模过大的问题，又建立了专门的研究支持网络。

（二）柔性化

柔性化指企业适应国际竞争和不断变化的环境的能力，以及根据预期变化进行快速调整的能力。新型柔性组织系统通常采用多级组织结构，其中各个业务单元相对独立，相互之间形成联盟，依赖彼此，在关键技术和问题解决上互相支持。每个业务单元与核心机构保持平等地位，核心机构的职能是根据竞争环境的变化及时调整组织战略，完善组织和管理基础结构，通过组织文化建设增强凝聚力，确保协作，完成统一的任务和目标。具体业务由各业务单位独立完成，核心机构则为它们提供必要的支持和协助。

（三）组织结构网络化

工业化时代的核心是精细化的劳动分工和大规模机械化生产，而金字塔形状的科层直线组织结构恰好满足了这种需求，但在知识经济时代，这种直线组织结构的局限性变得越发明显。其信息传递通道过长，导致信息处理不仅耗时多且效率低下，还容易导致信息失真。

随着电子信息技术的广泛应用，传统的组织运作方式发生了根本性的变化，传统的层级式组织逐渐向网络化组织结构转变。在网络化组织结构下，企业成为由众多知识节点组成的动态网络，这些知识节点可以是独立的员工、专业团队或为解决特定问题形成的临时组织。信息化的普及为网络化组织结构提供了物质和知识支持，使得组织结构更加扁平化。网络化组织减少了中间层级，确保组织成员能够持续与外界保持紧密联系，从而有效推动工作的完成。这种组织结构的主要优势在于缩短了信息和知识传递的路径，促进了人员之间的密切联系和频繁交流，推动了信息和知识的快速流通和分享。因此，网络化组织结构适应了知识经济时代对信息快速传递和高效沟通的需求，显著提高了组织的运作效率和市场适应能力。

第三节　现代企业的组织形式

企业的组织形式是指企业存在的形态和类型。下面介绍几种典型的企业组织形式：独资企业、合伙企业和公司制企业，并指出它们之间的不同之处。

一、独资企业

独资企业是由单一自然人投资并经营的企业。根据《中华人民共和国个人独资企业法》，个人独资企业的财产完全由投资人个人拥有。同时，当企业财产无法覆盖债务时，投资人需用个人财产承担债务。

（一）独资企业的特点

1.简化的成立与解散流程

独资企业相比其他企业形式，成立和解散流程更为简便。

2.灵活的经营管理

由于企业完全由单一投资人控制，经营决策和策略可完全根据个人意志制定，具有高度的管理灵活性。

3.无限责任承担

投资人对企业的债务负有无限连带责任，即若企业资产不足以清偿债务，投资人必须用个人财产来偿还。

（二）独资企业设立的条件

1.单一自然人投资

只有一个自然人作为投资人。

2.合法的企业名称

必须拥有依法登记的企业名称。

3.声明的出资额

需有投资人宣布的出资金额。

4.确定的经营场所和条件

需具备固定的生产或经营场所以及相应的经营条件。

5. 必要的从业人员

需配置适量的员工队伍。

二、合伙企业

合伙企业是一种由两个或多个投资者共同出资、管理并共同承担利润和亏损的企业。其成员可能包括自然人、法人及其他组织。

（一）合伙企业的种类

合伙企业主要分为两大类：普通合伙企业和有限合伙企业。

1. 普通合作企业

在普通合伙企业中，合伙人对企业的债务负有无限连带责任。这意味着，如果企业财产不足以清偿债务，合伙人需要用个人财产来偿还。其中，专业服务机构如律师事务所或会计师事务所等，可以设为特殊普通合伙企业。在这种情况下，如果由某合伙人故意或重大过失而导致企业负债，那么他将承担无限责任；对于非因故意或重大过失造成的债务，以及企业的其他债务，所有合伙人需承担无限连带责任。

2. 有限合伙企业

有限合伙企业由普通合伙人和有限合伙人组成。普通合伙人在企业中担负无限连带责任，这意味着他们对企业债务的责任可能会超出其投入的资金额。而有限合伙人对企业债务的责任则被限制在其对企业的实际投资额内。这种区分为有限合伙人提供了一种相对安全的投资方式，使他们能够在承受较低风险的情况下获取企业的盈利。但是，法律规定，某些特定类型的实体，如国有独资公司、国有企业、上市公司及公益性事业单位和社会团体，不被允许作为普通合伙人参与有限合伙企业。此规定确保了有限合伙企业的责任结构清晰，也在一定程度上限制了这些特定实体的参与，维护了合伙企业结构的稳定。

（二）合伙企业设立的条件

要成立合伙企业，需满足几个关键条件。

（1）普通合伙企业的设立需要至少两名合伙人，而有限合伙企业则由2～50名合伙人组成，除非法律有特别规定。参与合伙企业的自然人应具备完全的民事行为能力，且有限合伙企业中至少要包括一名普通合伙人。

（2）有一份书面的合伙协议。这份协议规定了各方的权利和责任，是合伙企业运作的基石。

（3）合伙人必须按照协议认缴或实际缴付他们的出资。出资形式可以是货币、实物、知识产权、土地使用权或其他形式的财产权利，普通合伙人还可以选择将劳务作为出资。如果出资包括需要估价的财产，估价可以由合伙人共同协商确定，或委托法定评估机构进行。以劳务出资的评估办法也由全体合伙人协商确定，并应在合伙协议中明确载明。合伙人需要遵守协议中约定的出资方式、数额和缴付期限，并且对那些需办理财产权转移手续的非货币财产出资，应依法办理相关手续。

（4）合伙企业应有明确的名称和固定的生产经营场所。

（5）需要符合法律或行政法规规定的其他条件。这些条件共同构成合伙企业的法律基础，确保合伙企业的合法运作和管理的透明度。

（三）合伙企业的法律责任

根据《中华人民共和国合伙企业法》的规定，合伙企业财产不足清偿到期债务的，各合伙人应承担无限连带清偿责任。这意味着，合伙人既要用企业的资产来偿还债务，还可能需要用个人财产来清偿债务。

合伙企业利润分配和亏损分担的安排，则取决于合伙协议的具体规定。如果合伙协议对利润分配和亏损分担有明确规定，则按照协议办理；如果协议中未明确规定或规定不清楚，则应由合伙人通过协商决定，如协商无果，合伙人则按照实际缴纳的出资比例分配利润和分担亏损。在无法确定出资比例的情况下，合伙人应平均分配利润和分担亏损。重要的是，合伙协议不能规定所有利润仅分配给部分合伙人或仅由部分合伙人承担所有亏损。该规定确保了公平性，并维护了所有合伙人的利益。

三、公司制企业

（一）公司制企业的种类

在我国，公司制企业主要分为两类：有限责任公司和股份有限公司。

有限责任公司，简称有限公司，是由 50 个以下股东共同出资成立，每个股东以其认缴的出资额为限对公司承担有限责任，公司以其全部资产对外承担债务的经济组织。在有限责任公司中，也存在一人有限责任公司，即由单一自然人或法人股东成立的公司。但值得注意的是，一个自然人只能投资设立一个一人有限责任公司，并且这样的公司不能再去设立新的一人有限责任公司。

股份有限公司，简称股份公司，其资本由等值股份组成。在这种经济组织中，股东对公司的财务责任限定于他们所持有的股份数额，而公司则以其整体资产对债务负责。这种公司的显著特征在于其股份的流动性，允许股份在投资者之间自由买卖交换。股份的可转让性增强了资本的灵活性，使得股东可以根据需要和市场状况灵活地买卖股份，也使得公司能够更方便地吸引和调整资金。股份有限公司因其特有的资本和责任结构而在现代企业中占有重要地位，它为企业融资和资本管理提供了一种有效的方式。

这两种公司制企业的共同特点是所有权和管理权的分离，以及出资者对公司债务的有限责任。这为投资者提供了一定的保护，也促进了企业的发展和资本的积累。

（二）公司制企业的设立条件

在我国，设立有限责任公司和股份有限公司需要符合特定的法定条件，以确保企业的合法性和有效运行。

1. 设立有限责任公司应当具备的条件

（1）股东人数必须达到法律规定的最低标准。

（2）所有股东需按照公司章程认缴一定额度的出资。股东可以选择用货币或者可估价、可转让的非货币财产出资，如实物、知识产权或土地使用权。对于非货币财产，需要依法办理财产权转移手续。

（3）股东间必须共同拟定公司章程。

（4）公司需有合法的名称和组织机构，以及固定的经营场所。

2. 设立股份有限公司应当具备的条件

（1）发起人的数量需符合法定要求，其中大部分必须在中国境内有住所。

（2）全体发起人或股东应认购章程规定的全部股份，或者通过募集方式筹集到规定的股本总额。

（3）股份发行和筹备工作必须符合相关法律规定。

（4）发起人需共同制定公司章程，采用募集方式设立的公司，则需通过创立大会审议通过章程。

（5）公司应有合法名称，建立符合股份有限公司要求的组织机构，以及固定的经营场所。

（三）公司制企业的法律责任

公司制企业的法律责任旨在明确区分公司资产与股东个人资产的关系。在有限责任公司中，股东对公司债务的偿还责任被限定在其向公司认缴的出资额，若是一人有限责任公司，股东需证明公司资产与个人资产的独立性，否则可能会面临对公司债务的连带责任。而在股份有限公司中，股东对公司债务的责任则被限制在其认购股份的价值范围内，这样的责任界定旨在保护股东的个人财产不受公司债务风险的影响，并确保公司作为独立的法律主体，依其资产偿还债务。这种法律上的责任划分对股东而言是一种重要的财务安全保障，从而有利于增强投资者对公司投资的信心和安全感。

四、不同企业组织形式的比较

不同企业组织形式的优势与劣势如表 2-1 所示。

表2-1　不同企业组织形式的优势与劣势

企业组织形式	优势	劣势
个人独资企业	①企业设立、转让和解散等手续简便，仅向登记机关登记即可，且费用低。 ②创业者拥有对企业的控制权。 ③企业经营灵活性高，可迅速对市场变化做出反应。 ④利润归创业者所有，不需与他人分享。 ⑤只需缴纳个人所得税，无须双重纳税（即不用缴纳企业所得税）。 ⑥在技术和经费方面易于保密	①创业者承担无限责任。 ②不易从企业外部获得信用资金，筹资困难。 ③企业寿命有限，易随创业者的退出而消亡。 ④企业的成功更多依赖创业者的个人能力
合伙企业	①企业的设立较简单和容易，费用低。 ②企业经营具有高度的灵活性。 ③企业资金来源较广，信用度较高	①合伙人承担无限连带责任。 ②财产转让困难。 ③融资能力有限，企业规模受限。 ④企业往往因关键合伙人的退出而解散。 ⑤在合伙人对企业经营有分歧时，决策困难

（续　表）

企业组织形式	优势	劣势
有限责任公司	①股东只承担有限责任，风险小。 ②公司具有独立寿命，易于存续。 ③公司所有权与经营权分离，聘任职业经理人管理，更能适应市场竞争。 ④以出资人的出资额为限承担公司的经营风险。 ⑤促使公司形成有效的治理结构。 ⑥多元化产权结构有利于科学决策 ⑦可吸纳多个投资人，促进资本集中	①税收负担较重，存在双重纳税问题。 ②不能公开发行股票，筹集资金的规模与渠道受限。 ③公司产权不能充分流动，资产运作受限
股份有限公司	①股东只承担有限责任，风险小。 ②公司具有独立寿命，易于存续。 ③公司产权可以股票形式充分流动。 ④可聘任职业经理人管理，管理水平较高。 ⑤筹资能力强	①公司设立程序复杂，费用高。 ②税收负担较重，存在双重纳税问题。 ③政府限制较多，法规要求比较严格。 ④公司要定期报告其财务状况，导致公司的相关事务不能严格保密

第三章　现代企业文化管理

第一节　企业文化概述

一、企业文化的概念与内涵

（一）企业文化的概念

企业文化，作为企业发展的核心和灵魂，是在长期的生产与经营过程中形成的一种独特的文化氛围。企业文化一般由企业领导层倡导并通过与员工共同实践和维护而形成，包括企业的经营理念、价值观念、基本信仰和经营目标等。企业文化难以被模仿或更改，并且深刻影响着员工的思维方式和行为模式。企业文化的本质在于塑造一种共同的精神追求和价值标准，其不单是管理层面的各类文化现象，更是深植员工心中的一种关于商品生产和经营的深层价值理念。正是这种文化，作为推动企业持续发展的重要动力，定义了企业的特色和道路。

（二）企业文化的内涵

1.文化的内涵

"文化"这个词源于拉丁语的"cultura"，其涵盖多重含义，包括精神、居住、练习、留心、注意，以及敬神。在中国古代，文化通常指文化典籍、礼仪风俗及以文教化的概念。《周易》中"观乎人文，以化成天下"的论述即以文教化的意思。从根本上看，中西文化对"文化"一词的理解有着相似之处。

自从爱德华·泰勒（Edward Burnett Tylor）在其著作《原始文化》中提出"文化"的定义以来，一些典籍及学者从各自的视角对文化进行了阐释，展现了对文化的多元解读。

中国的《辞海》对"文化"有广义和狭义两种定义：广义上，文化指人类在社会历史实践中创造的物质财富和精神财富的总和；狭义上，文化指社会意识形态及与之相适应的制度和组织结构。

《大英百科全书》则将文化划分为两大类：第一类将文化视为人类社会的总体遗产，这是一种普遍性定义；第二类将文化理解为一种历史性的生活结构体系，通常为特定集团成员共享，包含该集团的语言、传统、习俗、制度，以及激励成员的思想、信仰、价值观，并在物质工具和制造工具中得以体现。这样的定义既涵盖了文化的物质层面，也涉及了更深层次的精神和思想层面。

美国文化人类学家克罗伯（A. L. Kroeber）和克拉克洪（C. Kluckhohn）在《文化：一个概念定义的考评》中，经过对超过160种文化定义的审视后，提出了自己的定义。他们认为，文化体现在一系列内隐和外显的模式中，通过符号的应用实现学习和传播，并构成人类群体的特殊成就。这些成就包括制造物品的具体样式，而文化的核心则是传统的思想观念和价值观，尤其是价值观。

威廉·哈维兰（William A. Haviland）在《当代人类学》一书中指出，

文化是一系列规范或准则，社会成员的行为应当符合这些规范或准则，并被社会视为合适和可接受的。这种定义揭示了文化在社会行为和准则中的作用。

综合这些观点，不同学者对文化的理解虽有差异，但他们的视角可分为描述性和解释性两种。在描述性视角下，文化是感性的，其内容主要包括行为、行动及其结果，即可观察到的实际情况。文化在这一视角下的表现形式包括艺术品、工具、建筑艺术以及风俗习惯、组织结构、语言等。而在解释性视角下，文化是理性的，关注行为和行动背后的原因，这些原因通常通过行动和行为的结果来反映。文化在这一视角下的表现形式主要体现为共有的价值观念、意识和行为准则等。具体内容如表3-1所示。

表3-1 不同视角下的文化内涵比较

项目	描述性视角	解释性视角
概念属性	感性	理性
主要内容	行为、行动及其结果（即可观察的事实）	行为、行动的原因且必须通过行动、行为的结果反映出来
表现形式	艺术品、工具、建筑艺术以及风俗习惯、组织结构、语言等	共有的价值观念、意识、行为准则等

2.企业文化的内涵

国际上，学者和企业界对企业文化的理解重点在于从观念形态出发，强调组织价值观念体系的核心地位，认为企业文化反映在组织成员的集体意识上，并与企业的经营管理哲学、行为紧密相关。特别强调价值观在企业文化中的重要性，将其视为推动组织前行的原动力，认为其影响力远超技术和经济资源，甚至超过组织结构和制度。

在中国，学者和企业界对企业文化的本质认识存在不同。从概念层面来看，可分为广义和狭义两大观点。狭义观点认为企业文化主要存在于人的精神世界中，影响组织成员的思想意识，并指导其行为。企业文化是组织在长期实践中形成的一系列价值观、道德规范、行为准则、传统风格、群体意识、审美趣味、心理习惯及员工整体素质的综合体现。这种观点强调企业文化是组织最关键的经营资源，是支撑组织生存和发展的精神支柱。而广义观点则认为企业文化是企业在产生和发展过程中形成的物质文明和精神文明的总和，包括在管理中的硬件和软件、外显文化和隐性文化（或表层文化和深层文化），涵盖组织成员的构成、生产资源状况、物质生产过程和成果特点、组织的外观和形象等多个方面。广义观点认为，企业文化既包括组织成员的观念形态和精神层面，还涉及组织的物质层面和外在表现。

由上述可知，国内外对企业文化的理解，都强调了企业文化在组织发展中的关键作用。虽然理解角度和侧重点存在差异，但均认识到了企业文化的核心在于塑造和维持一种有利于企业发展的价值观和行为模式，其影响着从员工的日常行为到整个组织的战略决策。

二、企业文化的功能

虽然不同的企业有着不同的企业文化，但企业文化存在一定的共同功能，如图 3-1 所示。

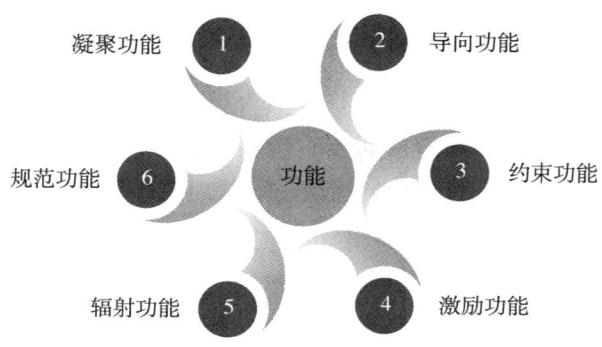

图 3-1　企业文化的功能

（一）凝聚功能

企业文化具有增强企业凝聚力和促进内部团结的显著作用，这种凝聚力和团结一方面是企业文化建设的直接目标，另一方面是企业综合实力快速提升的关键因素。在企业中，创造一个公平、公正、透明、健康、和谐的环境至关重要，这样的环境有助于增强内部的团结，鼓励员工积极工作，充分发挥他们的主动性和创造性。当员工把企业看作自己的小家，并通过团结合作的方式共同努力时，这股团结的力量便成为企业发展壮大的关键支柱。

通过企业文化建设，增强员工对企业的归属感和认同感，使他们视企业的发展为己任，是企业在市场竞争中取得优势的重要保障。简而言之，企业文化既塑造了一种积极的工作氛围，还促进了员工之间的紧密联系，从而有利于企业在激烈的市场竞争中保持竞争力和持续发展能力。

（二）导向功能

企业文化对职工的价值观、工作理念和工作方法具有深远的影响。例如，企业文化能够潜移默化地塑造员工的思维方式，使其个人的价值观与企业的价值观相协调，促使员工共享统一的奋斗目标，积极发挥自己的潜力，为实现企业的发展目标共同努力。此外，企业文化在帮助员工确立正确的人生观的同时，能指导员工朝着企业的发展方向迈进。由此可见，企业文化的建设至关重要，应基于企业的具体经营状况科学设定发展目标，引导企业及其员工朝着这一目标共同奋斗。

（三）约束功能

严格来说，企业管理制度亦是企业文化的组成部分，这意味着无论是企业领导还是员工，都在企业管理制度的规范下进行工作，但这种规范并非单纯的硬性规定，而是通过企业文化的建设形成一种柔性约束。这种柔性约束从职业道德和操守等层面规范员工的行为，从而使企业文化在企业发展中发挥出强大的精神动力。

（四）激励功能

激励在企业管理中扮演着关键角色，它源于企业内外环境的刺激，能激发个体的自我激励力量、进取精神、责任感以及行动力，并对个人和企业实现目标具有重要的促进作用。在企业内部，员工对实现企业目标的努力程度和工作态度存在显著差异，一些员工表现出强烈的进取心和实现企业目标的愿景，并通过行动体现出来，如有效地完成工作任务；一些员工虽有一定的进取意识，但不够强烈，工作表现一般，只求勉强完成任务；还有些员工缺乏进取意识，甚至对实现企业目标持负面态度，常常未能完成任务。激励的目标在于使这些处于不同状态的员工能够为企业的整体目标做出贡献。

1. 组织环境对激励的影响

在众多激励因素中，组织环境的优劣与激励的效果有密切关联。企业文化的构建可以为员工营造一个良好的激励环境，在官僚式组织结构中，组织环境与权力激励呈正相关，与成就激励和社交激励呈负相关。但在有严格责任制、明确价值观和道德准则的企业中，温馨、平等的环境与成就激励密切相关，而与权力激励的关系较弱。在这种企业文化下，员工通常会全心投入工作，因为他们在企业内部感受到的是公平和温暖，无须过多地从企业外部寻求满足感。

2. 激励的多元化

激励不应单一化，而应多元化。企业应考虑不同员工的动机差异，设计多样化的激励方案。例如，对于追求个人成就的员工，可以通过提供发展机会、挑战性任务或者职位晋升来激发他们的潜能。对于重视社交和团队归属感的员工，则可以通过开展团队建设活动、营造公平的交流环境或者设立团队奖励来提高他们的参与度和满意度。

3.价值观与行为规范的引导

企业文化应体现在明确的价值观和行为规范中，这些可以作为引导员工行为和决策的基准。通过树立正面的价值观，如诚信、责任感、创新精神等，企业可以引导员工朝着共同的目标努力。同时，明确的行为规范有助于营造一种正直、尊重和协作的工作氛围。

（五）辐射功能

企业文化的辐射功能是其作为社会文化子系统对城市或地区的广泛影响。企业文化的辐射功能主要通过企业文化流实现，其传播载体大致可分为以下三类。

1.商品让渡文化流

商品不仅是企业员工的劳动成果，也是企业文化的代表。例如，当人们看到海尔冰箱时，便能感受到海尔的企业精神。每一件商品都携带着企业文化的独特印记，通过商品销售向社会传播，实现企业文化的辐射。

2.服务提供文化流

服务行业的优质服务和卓越的服务文化既能满足顾客的基本需求，也能为顾客提供精神上的愉悦体验。例如，优良的客户服务能使购物者或旅客体验到愉悦和文化满足。这种通过服务人员的互动来辐射企业文化的方式，包括文艺演出、体育活动等。它们能有效地展现企业文化，并对公众产生深远影响。近年来，企业通过举办或与其他文化组织合作举办文体活动，如征文、评奖和比赛，充分展现了企业文化的广泛影响力。

3.媒介传播文化流

企业通过自办的小报、广播或借助国家、城市的电视和刊物等进行企业文化的扩散和传播，形成了一个有效的文化流机制。此外，像文化宫、俱乐部、学校、医院等，既是服务单位，又可作为传播媒介和文化载体，起到传播企业文化的作用。这些机构为企业文化提供了传播途径，使其能够更广泛地影响社会。

文化流机制的质量、流量大小以及辐射功能的强弱，取决于产品质量和服务水平，以及传播渠道的广阔性和畅通性。一家企业的产品质量、服务水平和传播效率决定了其文化辐射的范围和深度，并影响其在社会中的认知度和影响力。企业文化通过这些途径不断扩大其影响范围，成为社会文化中不可或缺的一部分。

（六）规范功能

企业文化作为一种无形的准则，具有隐性的约束力，影响着企业及其成员的价值观、思维模式、情感态度、伦理道德及行为方式。这种文化力量在企业发展过程中起着自我调节的作用，确保企业朝着健康、稳定的方向前进。企业文化的建设不只通过直接的文化渗透和精神激励实现的，更多地依靠员工自发形成的一种无形的行为规范。当员工在企业文化的影响下逐步形成统一的价值观念和行为准则时，企业文化就转化为一种强大的内在动力，引导员工自觉遵守企业规范，共同营造良好的企业氛围。在这种文化氛围中，任何与企业主流价值观不协调的个体都会受到自然而然的调整，以适应企业文化的要求。

对于新加入企业的员工，他们往往会面临思想和行为上的调整压力，企业对新员工的企业文化教育，旨在帮助他们理解和适应企业的文化环境，逐步改正那些与企业文化不符的观念和行为，更快地融入新的工作环境。这一过程既是企业对新员工的规范和引导，也是员工对自己行为的自我调整和控制。

企业通过各种方式强化对员工的文化引导和规范控制，旨在确保员工能够理解并遵守企业文化。随着时间的推移，员工会逐渐内化这些文化准则，形成一种自我约束机制，从而有利于提高企业的管理效率，增强员工对企业的认同感和归属感，进而创造一个和谐、高效的工作环境。

三、企业文化的结构

企业文化的结构体现了企业内部各个组成部分的关系和层次，反映了不同文化元素如何相互作用，共同构建企业文化的整体框架。著名组织人类学和国际管理学教授吉尔特·霍夫斯泰德（Geert Hofstede）在其作品《跨越合作的障碍——多元文化与管理》中提出，虽然不同时代和文化背景下的文化具有各自的特点，但它们在结构上展现出相似性，主要由四个层面组成，分别为物质、行为、制度和价值观，如图 3-2 所示。

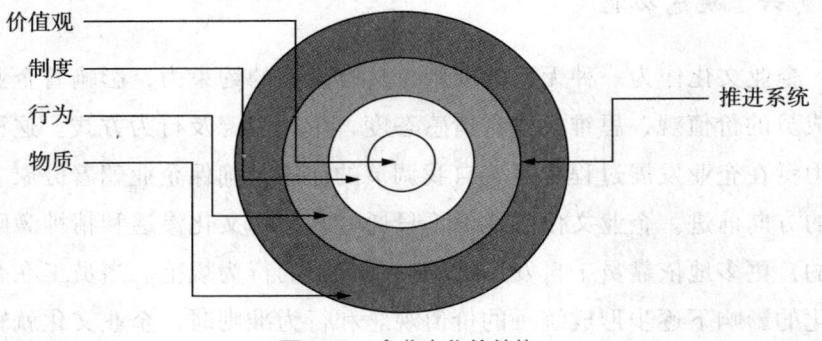

图 3-2　企业文化的结构

（一）物质文化层

物质文化层是企业文化最外在和显性的层面，涉及企业的物质表象，如企业标识、产品设计、广告风格、办公环境等。这些元素构成了企业的视觉形象和物理空间，是公众接触和了解企业的第一步，尽管它们离企业文化的核心较远，但在塑造企业公共形象方面起着重要作用。

（二）行为文化层

行为文化层关注的是企业员工的实际行为模式，如工作态度、沟通风格、团队互动等。这些行为反映了企业的日常运营和员工之间的互动方式，是企业文化在实际工作场景中的体现。行为文化层既是企业精神和价值观的具体展现，也是企业文化传递和实践的活动载体。

（三）制度文化层

制度文化层包括企业制定的各项规章制度，如管理体制、组织结构、职责分配等。制度文化层为企业提供了运作框架和规则，确保企业活动有序进行。它不但规范了员工的行为，而且在很大程度上影响着企业文化的形成和发展。

（四）价值观文化层

企业文化的核心层面是价值观，包括企业的基本信仰、行为准则和道德标准。这一层面体现了企业的精神追求和深层的文化认同，是指导企业行为和决策的基石。企业的价值观影响着企业的整体策略、员工行为和企业长期目标的设定。

企业文化的四个层面相互交织，共同构成了一个多维度的文化体系，不仅塑造了企业的独特个性，还影响了企业的长期发展和成功。如同托马斯·J. 彼得斯（Thomas J. Peters）和罗伯特·H. 沃特曼（Robert H. Waterman）在《追求卓越》中指出的那样，卓越企业的成功往往根植于其深层的文化价值观和实践，具体包括 7 个方面。

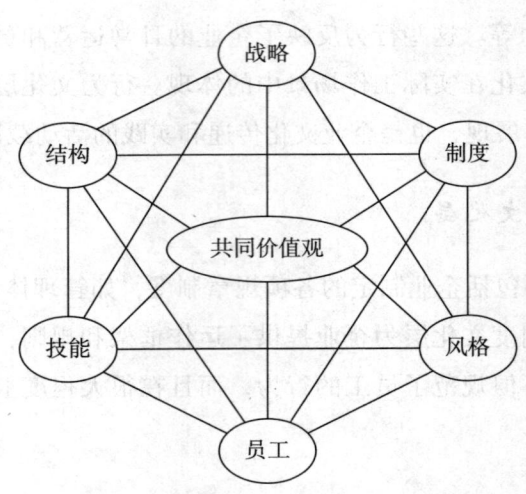

图 3-3　卓越企业成功的七要素

四、企业文化的特征

（一）科学性与人文性的统一

科学性体现在企业对先进管理理念和技术的积极采纳上。例如，企业采用最新的技术工具来优化生产流程，利用数据分析来指导市场策略，通过引入现代管理理论来提升组织效率，从而助推企业在竞争激烈的市场中保持领先地位。而人文性体现在企业对员工的全面关怀和个人发展的重视上，包括为员工提供良好的工作环境、尊重员工的意见和想法、关注员工的心理健康和职业规划。例如，企业定期举办员工培训和团队建设活动，提供灵活的工作安排，或者建立公平透明的沟通和反馈机制。

（二）理论性与实践性的统一

理论性体现在企业对管理和业务运作的理论基础的重视上，包括对最新管理理念的学习、对行业发展趋势的理论分析，以及对企业发展战略的理论规划。企业通过开展培训、研讨会和设立知识共享平台等方式，不断加强员工对理论知识的理解和掌握，这种对理论的重视有助于构建一种鼓励深思熟虑、具有前瞻性的组织文化，为企业的长远发展奠定坚实的理论基础。

实践性体现在企业将理论知识应用于实际的业务操作和管理实践上，这意味着企业鼓励员工将理论知识转化为解决实际问题的能力，鼓励实验和创新，以验证和完善理论。在日常工作中，理论与实践的结合能够帮助员工更有效地应对业务挑战，提高工作效率和质量。而且，通过在实践中测试和调整理论，企业可以不断优化其运作模式，提高对市场变化的适应能力。

理论性与实践性的统一是企业文化中不可或缺的一部分，通过将理论知识和实际操作有效结合，企业能够更全面地理解市场和业务的复杂性，从而做出更加精准和有效的决策。

（三）传承性与创新性的统一

传承性体现在企业对其核心价值观、传统和历史的尊重及维护上，这些元素构成了企业文化的基石，对塑造企业的身份和特色发挥着关键作用。传承性还体现在企业将这些价值观、传统和历史融入日常运营和长期战略上。通过维持和强化这些核心价值观，企业能够在员工心中树立共同的信念和目标，增强内部凝聚力，形成独特的企业文化。

创新性则体现在企业对新思想、新技术和新方法的开放态度和积极探索上。在快速变化的市场环境中，企业需要不断创新以适应外部变化，这要求企业文化具有灵活性和适应性。创新性不仅体现在产品和服务的创新上，还体现在管理理念、工作方式以及企业与员工互动的方式上。通过鼓励创新，企业能够不断推动文化的发展，从而保持自身的活力和竞争力。

（四）无形与有形的统一

无形文化是企业文化的灵魂，它深深植根于企业的历史背景、管理风格、员工行为准则等，这些无形的元素虽不可直接观察，却是引导员工行为和塑造企业整体形象的关键。例如，企业的使命宣言、核心价值观以及对待员工和客户的态度，都是无形文化的重要组成部分，这些文化要素在日常的交流、决策和问题解决过程中潜移默化地影响着员工的思维和行动，进而塑造着企业的内在氛围和精神面貌。

有形文化则是无形文化的外在表达和体现，包括企业的标志、办公环境、员工着装、举办的活动等，这些有形元素可以直观地传达企业文化，对员工和外界产生直接影响。例如，企业的办公环境设计、员工福利制度、举办的庆祝活动等，都能直接体现企业的文化理念和价值观。有形文化不仅在于物质层面的配置和安排，更在于通过这些可见的元素传达企业文化的深层含义，对内部员工和外部世界产生积极的影响。

五、企业文化的十大关系

（一）企业文化与企业软实力的关系

企业软实力主要指那些非物质的、影响企业长期发展和市场竞争力的因素，如价值观、信念体系、管理方式和企业形象等。在这个框架中，企业文化是塑造企业软实力的基石，因为它直接关系到企业的精神面貌和内在动力。企业文化包括但不限于企业的使命、愿景、核心价值观和行为准则，这些文化元素共同定义了企业的个性和经营理念，影响着员工的行为模式、决策过程和对外形象。一个强大的企业文化能够激发员工的创造力，增强员工的忠诚度和凝聚力，提高整个组织的效率和适应性。

企业文化在塑造品牌形象、增强社会责任感以及提升员工素质等方面具有重要作用，从而有助于提升企业软实力。一个积极、正面的企业文化不仅能够吸引和留住优秀人才，还能够增强客户对企业的认知度和忠诚度，从而帮助企业在市场中形成独特的竞争优势。在全球化和网络化的今天，企业文化的重要性越发凸显，因为它能够在多元化的市场环境中为企业提供明确的方向和稳定的精神支持。

（二）企业文化与企业哲学的关系

企业哲学作为企业文化的根基，为企业的发展提供了方向性的指导和价值观念。企业哲学主要体现在企业的使命、愿景和核心价值观中，而这些元素共同塑造了企业的整体性格和发展路线。企业的使命，即企业存在的根本原因，是企业所有活动的出发点和归宿，反映了企业对社会的承诺和责任。企业愿景则是企业远景目标的具体化，是企业所有成员共同奋斗的目标。核心价值观作为企业行为和决策的指南，确立了企业内部成员的行为规范和思维方式，是企业文化中最为核心和稳定的部分。

企业文化是企业哲学的具体化和实践化，它既体现在企业的日常运营和管理中，还深入每一个员工的心理和行为中。企业文化的具体实践，如企业精神、工作风格、组织习俗等，都是企业哲学在实际工作中的体现。这种文化不仅影响着企业的内部运作，还对外部环境产生影响，如品牌形象、市场定位等。企业文化的健康发展离不开清晰、一致的企业哲学的支持，同时，鲜明、具有吸引力的企业文化也能够有效地促进企业哲学的传播和实践。

（三）企业文化与企业道德的关系

企业道德，通常被定义为企业活动所遵循的道德原则、道德规范，以及相关的道德行为。这些原则和规范往往基于社会舆论、传统习俗，以及深植于个体内心的信念。企业道德作为一种价值观念，可以被视为企业文化的一部分，尤其归属企业价值观的范畴。企业道德与企业文化在重点方面存在差异，前者更侧重于企业活动中的道德评价标准和道德价值观的构建，而后者则围绕以价值观为核心的企业精神、行为、制度和物质等多方面展开。总的来说，企业道德是指导企业行为和决策的道德准则，而企业文化是这些准则的综合表现。

（四）企业文化与企业家文化的关系

企业家文化是指企业家所共有的文化特征，它并不是个别企业家的个人文化，而是整个企业领导层的共同文化。企业文化与企业家文化之间的关系可以看作整体与部分的关系，企业文化是由企业家文化、团体文化和个体文化共同构成的整体，而企业家文化是企业文化的一部分，而且是具有决定性意义的一部分。通常，企业文化的形态在很大程度上取决于企业家文化的性质，因为企业文化在本质上是企业家文化在整个企业范围内的延伸和放大。企业家文化对企业文化的影响通过其对团体文化和个体文化的影响实现。需要注意的是，团体和个体并非被动接受企业家文化，而是积极影响企业家文化，使其更具活力和实用性，团体文化和个体文化是企业家文化的动力源泉，也是其坚实的基础。

（五）企业文化与企业战略的关系

企业文化与企业战略关系密切且相互依存。企业文化作为企业的精神核心和价值观的集合，对企业战略的制定和实施具有深远的影响。明确且深入人心的企业文化，能够为企业战略提供清晰的方向和坚实的基础。在企业战略的制定过程中，核心价值观和企业精神是引导思路的关键，它们能确保企业战略不仅符合企业的长期目标，而且能够得到员工的广泛认同和支持。良好的企业文化还能激发员工的热情和创造力，这对战略目标的实现至关重要。

企业战略的实施与执行也与企业文化紧密相连。企业文化中的价值观念和行为准则，能够激励员工朝着共同的目标努力，形成协作和创新的氛围。这种文化背景下的企业战略实施，更容易取得成功，因为员工会将个人的工作与企业的战略目标紧密联系起来。企业文化还可以通过塑造一种具有适应性和灵活性的工作环境，帮助企业应对战略执行过程中的各种挑战。

（六）企业文化与企业制度的关系

企业制度作为企业管理的有形体现，通过一系列的规章制度和操作流程，规范和指导着员工的工作行为。企业文化与企业制度相结合，可以更有效地引导员工行为，提高管理效率。企业文化的力量在于它能够激发员工的内在动力，增强员工对企业目标的认同感，从而在不知不觉中引导员工遵守企业规章制度，培育良好的企业风气。企业制度的设置和执行需要与企业文化密切结合，一个仅仅依赖文字规定的制度，可能会使员工感到被动和机械，缺乏主动性和创造性。反之，一个建立在企业文化基础上的制度，会更容易被员工接受和内化。在这种情况下，制度不再是冰冷的命令和禁止，而成为员工自觉遵守的行为准则。所以，与企业文化相协调的企业制度，能够更有效地激发员工的积极性和创造性，从而保证企业的有序运行。

（七）企业文化与企业政治思想教育的关系

企业文化主要体现企业的核心价值观、信仰，以及员工的行为准则，是企业精神的具体表现，而政治思想教育旨在指导和规范员工的政治思想和行为，这与企业文化紧密相连，共同影响着员工的思想和行为。在实际操作中，企业文化通过其深层的价值观和信仰影响员工的政治思想，而政治思想教育则通过特定的政治理念和道德观念完善企业文化的内涵，两者相辅相成，共同构建了企业的精神风貌和道德标准，对提升员工的整体素质、增强团队凝聚力和推动企业持续健康发展发挥着重要作用。

（八）企业文化与 CIS 的关系

企业文化与企业形象识别系统（corporate identity system，CIS）之间的关系紧密且复杂。企业文化是企业理念、价值观和行为准则的集合，是企业的灵魂和内在指导力量，CIS 则是将这种内在的文化通过外在的形象和行为来展现和传播，以此建立企业的独特身份和公众形象。具体来说，CIS 通过企业理念识别系统、企业行为识别系统和企业视觉识别系统，将企业文化转化为具体可见、可感的外在表现。

具体来讲，企业理念识别系统着重于传达企业的核心理念和价值观，企业行为识别系统则关注企业在实际操作中的行为标准和规范，企业视觉识别系统则通过视觉元素如标志、色彩和设计风格等具象化企业文化，使之成为企业与公众互动的视觉桥梁。通过这三个系统的综合运用，CIS 能够有效地将企业文化的内涵传递给公众，从而建立起企业的品牌形象和市场地位，同时反过来促进企业文化的深化和发展。

（九）企业文化与企业经营业绩的关系

强大且积极的企业文化能够显著提升企业的整体业绩，增强企业的市场竞争力。在内部层面，企业文化蕴含的核心价值观和行为准则，直接影响员工的工作态度和效率，进而影响企业的生产力和创新能力。当企业文化强调团队合作、创新思维和追求卓越时，它能激发员工的潜能，增强团队协作精神，提高工作效率和产品质量，最终提升业绩。良好的企业文化还能增强员工的归属感和忠诚度，降低员工流失率，以及招聘和培训成本。在外部层面，有吸引力的企业文化有助于树立良好的企业形象，提高品牌价值，吸引更多的客户和合作伙伴。所以，企业文化不仅是企业内部管理的重要因素，也是塑造企业对外形象的关键因素。

（十）企业文化与企业管理的关系

企业文化与企业管理之间相互渗透。企业文化作为一种深层次的精神力量和核心价值观，直接影响着企业管理的风格、方法和效率。企业文化既反映在企业的决策、组织结构、制度建设和管理实践中，也深刻影响着员工的行为模式、工作态度和团队精神。在良好的企业文化的指导下，管理工作能更加高效地进行，员工的积极性和创造力得以充分激发，从而促进工作流程和制度的优化。高效的企业管理也能促进企业文化的形成和发展，通过制定合理的管理策略、建立高效的组织架构，以及实施有效的激励机制，可以提高企业文化在员工心中的地位，提升整体的组织绩效。

第二节　影响企业文化的因素

影响企业文化的因素可以归结为以下八种，如图 3-4 所示。

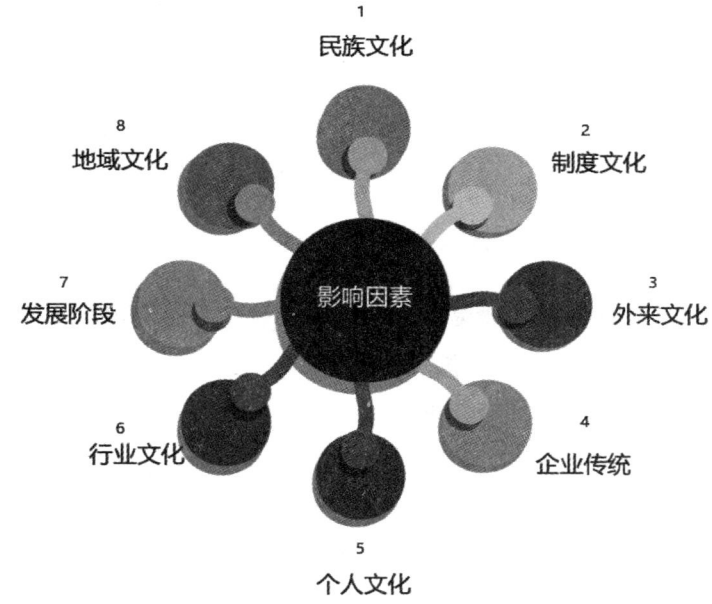

图 3-4　影响企业文化的因素

一、民族文化

作为影响企业文化的重要因素之一，民族文化的价值观念和道德准则、传统习俗和行为模式等都在企业文化的形成和发展中扮演着关键角色。

（一）价值观念和道德准则

每个民族的文化中都蕴含着独特的价值观念和道德准则，这些观念和准则既体现在个人行为上，也深刻影响企业的决策和管理方式。例如，某些文化强调集体主义和团队精神，这在企业文化中可能表现为强调团队合作和集体成就，鼓励员工为共同目标努力。同样，诚信、勤奋和尊重等道德准则通常被视为企业成功和可持续发展的基石。这些价值观和道德准则为企业提供了行为指南，能够帮助企业在竞争激烈的商业环境中建立信誉，培养忠诚的员工，从而赢得消费者和社会的信任。通过秉承和弘扬这些价值观念和道德准则，企业不仅能增强内部凝聚力，还能在外部市场中树立良好形象，实现长远发展。

（二）传统习俗和行为模式

传统习俗和行为模式通常反映在企业的管理方式和内部交流风格中。例如，强调开放、直率的文化的企业更倾向于开放、直接的沟通方式，鼓励员工表达自己的观点和意见，这种文化有利于促进创新思维的发展和问题的直接解决。相反，一些文化强调谦逊、礼貌和间接的交流方式，这在企业中表现为高度的团队协作和重视群体和谐。不同的交流习惯和管理风格会影响企业的决策过程、工作环境和员工行为，理解和尊重这些传统习俗和行为模式，企业可以更好地适应多元文化背景下的市场环境，从而在全球化竞争中获得优势。

（三）历史背景和社会环境

历史事件、社会变革和经济发展不仅形成了民族的集体记忆，还塑造了人们的价值观念和行为模式。例如，一个历经战争和动荡的民族可能会培育出坚忍不拔和创新求变的文化特性，反映到企业文化中通常表现为对困难的坚强抵抗和对挑战的积极应对。对历史的尊重在企业文化中通常表现为对企业传统的继承和弘扬，这种尊重使得企业能在继承过去的基础上不断创新和发展。

社会的发展水平、教育程度及社会规范等因素都会在一定程度上形成民族文化的特征，反映到企业文化中通常表现为对社会责任的重视和对企业未来发展的战略规划，社会环境的变化促使企业在发展过程中除要关注经济利益外，还要兼顾社会责任和环境保护。例如，现代企业越来越注重可持续发展和环保理念，这反映了社会对环境保护和资源节约的普遍关注。

（四）艺术

艺术既赋予了企业文化独特的审美维度，也在塑造企业品牌形象和提升企业内部美学方面发挥着显著作用。企业通过融入艺术元素，能增强自身品牌的识别度和吸引力，还能激发员工的创造力和对美的感受力。例如，使用民族图案和颜色作为企业的视觉标识，能够彰显企业形象的文化深度，同时反映了企业对本土文化的尊重和继承。此外，艺术不仅是外在的形式表达，还能作为一种内在的精神力量，激励员工追求卓越，培养团队的创新精神和良好的工作氛围，从而在提升企业整体文化素养的同时，促进企业的长期发展和成功。

二、制度文化

制度文化对企业文化的影响表现在多个方面。第一，制度文化为企业的日常运行提供了坚实的基础。明确且具体的规章制度既可以确保企业活动的有序进行，又有助于员工清晰理解自己的职责和权利，这种明确性是提高工作效率和增强团队协作的关键。在这样的环境中，每个员工都能准确地知道自己的职责范围，高效地完成工作任务，同时能够更好地与团队成员协作，共同推进项目的进展。规章制度的透明性和可预测性降低了工作中的不确定性，有利于企业更加顺畅地运行。第二，制度文化深刻地影响着员工的行为模式和思维方式。企业文化中蕴含的核心价值观，常常通过制度的形式得以体现和传播，这样，价值观不再是挂在墙上的标语，而是通过具体的规章制度融入每个员工的日常工作中。例如，一个强调创新的企业可能会有鼓励创新思维和尝试新方法的制度，如奖励创新项目或提供时间和资源支持创新活动。这种制度化的价值观有助于在员工之间形成共同的信念和目标，进而塑造一种有利于创新和合作的工作环境，最终，这种文化环境能够提升员工的满意度和忠诚度，使企业更具吸引力和竞争力。

三、外来文化

自改革开放以来，我国从西方发达国家引进了一些技术和设备，在这一过程中，还引入了外国的文化，这种文化输入可以分为三个层次：民族层次、企业层次及个人层次，不同层次的文化对我国企业文化产生了不同影响。过去，在技术引进的过程中，人们更多关注技术、管理和人才等因素，忽视了文化因素的重要性，因为文化因素的作用通常是间接的，需要通过某种技术或设备来体现。在技术和设备引进的初期，文化因素的影响并不明显，但随着时间的推移，文化的影响逐渐显现。需要注意的是，文化的作用复杂多变，需要进行综合深入的研究，才能清晰地了解外国文化对我国企业文化的影响。引进国外先进技术的同时，我国也学习了先进的管理思想，如创新精神、竞争意识、效率观念、质量观念、效益观念、民主观念以及环保意识等，这些思想成为我国企业文化的新鲜血液。然而，我国同时面临着拜金主义、享乐主义、个人主义、唯利是图等消极思想的冲击，西方资本主义企业文化中的不良元素在一定程度上对我国企业文化建设产生了破坏作用，这是值得警惕的现象。

企业在从国内其他民族、地区、行业或企业进行技术转移的过程中，也会经历企业文化的相互影响和融合。以军工企业转向民品生产为例，在这种技术转移过程中，军工企业所特有的诸如严肃、严格、严密、高质量、高效率、团结、自强和艰苦创业等优秀文化特质，对普通企业的企业文化建设有着积极的作用，这些文化特质在转移过程中逐渐被其他企业吸收，进而提升整个行业的企业文化水平。同样，新兴的信息技术产业所强调的重视技术、创新精神和人才的观念，也对其他行业的企业文化产生了显著影响，促进了跨行业的文化融合和创新，也为其他行业注入了新的活力和思维方式。

值得注意的是，即使在同一行业内，不同企业间由于地区、环境及其他因素的差异，也存在着文化上的较大差异。因此，地区间、行业间、企业间的技术转移既是技术层面上的必要，也是文化层面上的必然。在技术转移的过程中，企业文化的相互渗透和转移自然而然地发生，促进了整体企业文化的多元化和丰富化。

四、企业传统

企业传统通常与企业的发展历史紧密相关。在企业发展的初期，创始人的价值观念、经营理念和行为模式会深深影响企业文化，并在日常运行中不断得以体现和强化，最终形成一种独特的企业传统。企业传统包括对产品质量的坚持、对客户服务的重视、对员工的关怀等，既是企业历史的一部分，也是员工共同认可和遵循的标准。

企业传统对企业文化的影响是全方位的。首先，随着企业的成长和发展，新的价值观和文化元素不断被引入，但企业传统作为一种稳固的文化基础，能够确保企业文化的稳定性和连续性。其次，企业传统影响着员工的行为模式和思维方式。例如，如果企业历来重视创新和风险承担，那么这种文化会激励员工采取创新的方法解决问题，更愿意接受挑战。最后，企业传统还能增强员工的归属感和认同感，员工对企业传统的认同会提升他们对企业的忠诚度和满意度，进而提升企业整体的工作效率。

虽然企业传统对企业文化有着重要的影响，但也面临着一些挑战。随着企业的发展和外部环境的变化，原有的企业传统可能需要调整和更新，以适应新的市场环境和技术条件，这要求企业在保持传统的同时，增强适应变化的灵活性；维护企业传统的同时，防止它成为阻碍创新和变革的障碍。对此，企业需要在尊重和继承传统的基础上，勇于创新和改革，使企业传统与时俱进，不断适应新的发展需求。

五、个人文化

个人文化源于个体的成长背景、教育经历、社会环境等多种因素，因此每个人的文化背景都有其独特性，并塑造了个体的价值观念、工作态度、沟通方式等。例如，成长于鼓励创新环境中的个体更倾向于采取创新的方法来解决问题，而在重视团队合作的环境中成长的个体则更擅长团队协作，这些个人文化特征对企业文化的形成有着直接的影响。每个员工的个人文化，都会以某种方式影响整个企业的文化氛围。例如，如果多数员工都具有创新精神和积极进取的态度，那么企业文化也将倾向于鼓励创新和主动。相反，如果大部分员工习惯于遵循传统的做事方式，那么企业文化可能就会显得保守。个人文化还影响企业的决策方式、沟通风格和工作环境。在包容多元文化的企业中，不同的个人文化交汇融合，可以创造出丰富多样的工作环境，促进思维的碰撞和创新思维的产生。

对企业来说，管理和融合不同的个人文化是一项挑战，企业需要认识到，员工个人文化的多样性是一种资源，可以通过适当的管理加以利用。例如，企业可以通过培训、团队建设活动和企业文化塑造等方式，鼓励员工之间的文化交流和理解，减少文化差异带来的摩擦。企业也应尊重每个员工的个人文化，营造一种包容和尊重多元文化的工作环境。通过这样的管理和融合策略，企业不仅能够提高员工的满意度和忠诚度，还能够借助多元文化的力量，推动企业文化的发展和创新。

六、行业文化

行业文化源自行业内共有的经验、实践和历史发展过程，包括行业内普遍认同的价值观、行为标准和工作方式。例如，在科技行业，创新得到普遍认同；而在金融行业，风险管理和合规性可能更受重视。行业文化为从业人员提供了一种共同的语言和行为准则，有利于促进行业内部的交流和协作。企业作为行业的一部分，其文化受到行业文化的深刻影响。一是行业文化为企业文化提供了基础框架。企业在发展过程中会吸收行业内普遍认同的价值观和行为模式，这些元素成为企业文化的重要组成部分。例如，医疗行业的企业会更强调精准和谨慎，因为这是该行业的普遍要求。二是行业文化影响企业的战略决策和管理模式。企业在制定战略决策和管理模式时，会考虑到行业文化的特点和要求，以确保企业的运行与行业的发展趋势保持一致。三是行业文化影响企业的创新和竞争方式。在一个强调创新的行业中，企业也可能更倾向于采用创新的策略来获取竞争优势。

随着市场和技术的变化，行业文化也会发生变化，企业在面对行业文化的变革时，需要灵活适应，以保持竞争力。对此，企业既要理解和融入当前的行业文化，还要具备预见行业变化趋势的能力，通过持续学习、创新和调整，使自身文化与行业文化的发展保持同步。同时，企业可以在行业文化的框架下，发展出具有自身特色的企业文化，以区别于竞争对手，创造独特的竞争优势。

七、发展阶段

企业文化不是一成不变的，而是随着企业从创立、成长、成熟到衰退或转型的各个阶段，不断演变和适应的。

（一）创立阶段的企业文化

在创立阶段，企业文化通常与创始人的个人价值观和愿景密切相关，这一阶段企业文化的特点是灵活、创新和风险承担。公司在这个阶段往往寻求快速发展和市场机遇，强调创新和适应能力，员工可能更加多元化，团队氛围通常较为自由和非正式。因此，此阶段企业文化的核心在于激发创造力和增强适应市场变化的能力。

（二）成长阶段的企业文化

这一阶段，企业开始从初创时期的灵活、自由转向更加注重结构和组织的完善，为了应对业务的快速扩张和经营管理的复杂性，企业往往会制定和实施更加正式的规章制度。这些规章制度的建立旨在提高管理效率和确保企业运营的有序进行，同时是对企业创立阶段文化的一种扩展和深化。在此阶段，企业文化开始强调团队合作的重要性、工作效率的提升和明确的目标导向，这有助于提升团队的整体协作能力和对共同目标的聚焦，推动企业在市场上的快速成长和扩张。此外，平衡创新精神和组织稳定性成为成长阶段企业文化建设的一大挑战，企业需要在维持创立阶段的创新和灵活性的同时，引入更加稳定和成熟的管理机制，以确保快速发展的持续性和运营的有效性。

（三）成熟阶段的企业文化

当企业进入成熟阶段，企业文化通常会显现出更高的稳定性和正式性。在此阶段，企业已在市场上确立了稳固的位置，企业文化开始更加注重效率、规范和控制。制度化和标准化成为这个阶段企业文化的显著特征，反映出企业对内部流程和操作的精细管理。企业在这一阶段倾向于加强长期规划和风险管理，以保持现有市场地位并稳步前进。但随着稳定性的增强，企业可能面临创新能力下降的风险，所以，成熟阶段的企业需要在保持现有运营效率和规范的同时，不断寻求创新和增强灵活性，以适应不断变化的市场环境，这要求企业持续推动创新思维和实践，以在竞争激烈的市场中保持活力和竞争力。

（四）衰退或转型阶段的企业文化

在衰退或转型阶段，企业可能发现其现有的核心价值观和运营模式不再适应新的市场环境，需要进行深刻的自我评估和调整。这个阶段的企业文化更加强调适应性、灵活性和创新能力，以增强企业在面对市场变化或进行战略转型时的应变能力。重要的是，此阶段的企业文化应该鼓励开放的思维方式和接受变革的勇气，包括鼓励员工接受新观念和新的市场策略，以及构建和完善能够快速响应外部变化的组织结构。在此阶段，企业文化的核心是激发内部动力，推动企业走出困境或成功转型，确保企业能够在不断变化的市场环境中生存和发展。

八、地域文化

地域文化作为一种根植于特定地理区域的文化，包括该地域的历史、传统、习俗、语言和社会行为准则等多方面的内容。地域文化通常反映了一个地区的历史背景和社会特性，不同地区的历史传统、社会结构和价值观念差异，会导致不同的地域文化特征。例如，一个历史悠久的地区可能更加重视传统和习俗，而一个经济快速发展的地区可能更加强调创新和效率。地域文化还包括当地人的生活方式、交流方式以及对待工作的态度，这些都是构成企业文化的重要因素。

地域文化对企业文化的影响主要体现在两个方面：一方面是影响企

业内部的沟通方式和工作风格；另一方面是影响企业对外的市场策略和客户关系管理。首先，企业内部员工可能来自不同的地域文化背景，他们的交流习惯、工作方式和决策过程会因地域文化的不同而有所差异，这要求企业在管理的过程中，要考虑到这些文化差异，以促进更有效的沟通和协作。其次，企业在市场定位和客户关系管理方面，也需要考虑到地域文化的影响。了解和尊重当地的文化习俗，可以帮助企业更好地与客户沟通和建立信任，从而助其在市场上取得成功。

面对地域文化对企业文化的影响，企业需要采取相应的策略来适应和融合。例如，企业应重视对员工地域文化差异的理解和尊重，通过培训和文化交流活动，帮助员工了解不同的地域文化，促进多元文化背景下的团队协作。在开展市场活动时，企业应深入了解目标市场的地域文化特征，制定符合当地文化习惯的市场策略。企业还可以通过融合不同地域文化的元素，创造独特的企业文化，增强企业的竞争力和市场吸引力。

第三节　企业文化对企业竞争力的影响

一、企业文化对企业竞争力的影响方式

企业竞争力指企业在市场竞争中获得优势、实现持续发展的能力。随着市场和竞争环境的不断变化，构成企业竞争力的核心因素也在发生变化。如今，企业家的战略方向、员工的价值观和行为取向，以及企业与其相关利益方（包括顾客、竞争对手、供应商等）的关系，已经成为比资本和技术更为关键的竞争力要素。

企业文化在提升企业竞争力方面的作用主要体现在三个方面：第一，企业文化通过塑造企业家的战略取向，间接影响企业的经营方式和发展模式，进而对企业的运营和发展绩效产生影响；第二，企业文化通过影

响员工的价值取向，进一步影响他们的行为方向、行为方式、行为力度和行为效率，从而提高企业的整体运作效率；第三，企业文化通过塑造企业的经营伦理、价值取向和经营宗旨，影响企业与各相关利益方之间的关系，进而影响企业在外部环境中的存续和发展条件。

（一）企业文化对企业家战略取向的影响

企业的战略决策文化，深受企业家战略思想和理念的影响，同时影响企业家的战略决策方向和行为。这种决策文化定义了企业的经营方式及发展战略模式，换句话说，企业战略决策文化与企业家的战略选择之间存在着相互作用和相互影响的关系。企业战略决策文化可以分为两种：发散型和内敛型。发散型战略决策文化倾向于鼓励创新和风险承担，而内敛型战略决策文化强调稳定性和内部重点关注，这两种不同的决策文化对企业的长期发展和市场表现具有重要影响。

1.发散型战略决策文化

发散型战略决策文化主要以创新和风险承担为核心。在这种决策文化下，企业倾向于采取具有开放性和探索性的战略，积极寻求新的商业机会和突破传统的经营理念。这种文化鼓励企业不断尝试新的方法和技术，甚至是对现有业务模式进行根本性的改变。因此，在这种文化下，企业家和管理团队需要进行战略性思考，探索多元化的市场和产品线，并对新兴技术和趋势保持敏感。在这种文化下，失败被视为学习和成长的机会，而不是被简单地视为负面结果。

在发散型战略决策文化中，企业通常拥有更为灵活的组织结构，以适应快速变化的市场环境和创新需求。企业倾向于建立一个开放的沟通环境，鼓励员工提出创意和反馈，充分激发员工的主动性和创造力。企业更加支持新产品的开发和新市场的开拓。这种决策文化也要求企业家和管理团队具有较强的风险意识和危机管理能力，以便在追求创新的同时，妥善处理可能出现的风险和应对挑战。

2.内敛型战略决策文化

内敛型战略决策文化将资源和能力视为企业发展的基础元素。在这种决策文化下，企业的关键资源及其积累和配置的整合能力构成了企业的核心竞争力，被视为推动企业发展的主要动力。在这种决策文化的指导下，企业的经营和发展模式倾向于更加集约和内涵型，特别是在经济过剩、市场饱和、市场机会稀缺且隐蔽、市场竞争日益激烈的环境中，企业的竞争优势更多地源自内部资源和能力。企业在资源配置和市场选择上应采取谨慎策略，通过内部关键资源和核心能力的提升，增强自身的核心竞争力。基于核心竞争力的培养，企业应选择其核心业务领域，并明智地决定资源的投入方向。

在内敛型战略决策文化的指导下，企业倾向于专注于自身的核心领域，专业化和集中经营成为企业发展的重要特征。该决策文化有助于企业在竞争激烈的市场环境中维持稳定和可持续发展。内敛型战略决策文化强调对资源和能力的深度挖掘，而不是仅仅追求规模的扩张。

（二）企业文化对员工及其行为的影响

1.价值观与行为准则的形成

企业文化中的核心价值观和行为准则为员工提供了一个明确的框架，指导他们在日常工作中的决策和行动。例如，如果企业文化强调诚信、团队合作和创新，这些价值观将被员工内化，并反映在他们的日常工作中，如诚实地报告工作成果、积极参与团队合作，以及勇于尝试新方法和思路。企业文化中的行为准则还能帮助员工理解企业的期望，从而明确他们在工作中应遵守的规范和标准。

2.增强员工的忠诚度和归属感

当企业文化强调包容性、尊重和认可时，员工更容易感受到他们是组织的一部分。在这种文化环境中，员工既能在工作上获得满足，也能在情感上与企业建立深厚的联系。例如，企业通过公平的晋升机制、开放的沟通渠道和对员工成就的认可，能有效提升员工的自豪感和对企业的忠诚度。企业通过共同的使命和目标，能增强员工的归属感，员工不再只是单纯完成任务，而是积极参与企业的长远发展和团队建设。在这样的文化氛围中，员工更愿意为企业的成功投入更多的努力，降低离职的可能性，从而增强企业的稳定性和对优秀人才的吸引力。

3. 影响员工的工作动力

积极向上的企业文化能够激发员工的工作热情和创造力，特别是当这种文化强调目标的达成、个人成长和团队协作时。例如，如果企业文化鼓励创新和个人发展，员工更可能在工作中积极主动，不断追求个人技能的提升和职业目标的实现。此外，当企业文化重视员工的贡献，并通过适当的奖励认可这些贡献时，员工的工作满意度和动力也会相应得到增强。在这样的文化环境中，员工不仅是为了获得物质奖励而努力工作，更因为他们的努力得到了认可和尊重，从而产生了更强的工作成就感。

4. 影响员工的工作态度

积极的企业文化可以营造出一种充满激励和鼓舞的工作氛围，员工在其中能感受到自己的努力被认可和尊重。例如，当企业文化强调团队合作、开放沟通和相互尊重时，员工更可能在工作中展现出积极的态度，更乐于分享知识。反之，消极的企业文化可能导致员工感到不满和压力，从而影响他们的工作热情和效率。企业文化也影响员工的行为准则和职业伦理，如在强调诚信、负责和专业的文化中，员工更倾向于表现出符合这些价值观的行为。

5. 对组织变革的适应性

在强调灵活性、开放性和创新的企业文化中，员工更容易接受并适应组织变革，这种文化鼓励员工对新思想和变化持开放态度，有助于减少员工对变革的抵抗和不安。例如，当企业文化支持持续学习和个人发展时，员工更可能积极参与变革，并将其视为个人成长和职业发展的机会。相反，如果企业文化过于保守，员工更可能对新的流程、策略或技术感到不适应，从而导致变革实施困难。

6.对员工个人发展和职业生涯的影响

如果某企业的文化具有成长导向，那么该企业通常会为员工制订培训和发展计划，支持员工在职业生涯中的进步。例如，企业可能设立导师制度，组织职业发展研讨会和领导力培训，帮助员工提升技术能力和管理技巧。强调员工个人价值和潜力的企业文化也能够提升员工的自信心和职业满意度，激发他们为实现个人和组织目标而努力工作。在这种文化中，员工更可能感受到他们的贡献被看重，职业道路有更多可能性。反之，在缺乏支持和发展机会的企业文化中，员工更可能感到受限和缺乏动力，这既影响他们当前的工作表现，也对他们的长期职业规划造成不利影响。

（三）企业文化对企业存续环境的影响

企业的持续发展和成功依赖其与多个关键的外部利益群体的互动，这些群体包括顾客、供应商、金融机构、股东、竞争者以及代表社会公共利益的组织（如政府）。这些群体对企业的生存至关重要，因为它们均以各自独特的方式对企业的运营和成长产生影响。例如，顾客和供应商分别为企业提供市场需求和资源支持，金融机构和股东为企业提供资金，竞争对手和政府则为企业带来外部的驱动力或压力。这些外部利益群体，不论是提供资源还是施加压力，都是企业生存发展中不可或缺的部分。有效处理与这些群体的关系，对企业的经营成效和长远发展具有重大影响，处理与这些群体的关系的能力也是衡量企业竞争力的关键指标之一。对于如何与这些群体互动，企业的价值观念、经营哲学和伦理观念起着决定性作用。不同的企业文化会展现出不同的价值取向和经营理念，从而影响企业如何对待这些群体，同时反过来影响这些群体对企业的看法和反应。企业的文化理念在很大程度上定义了其所处的外部环境特性，并影响企业在这个环境中的生存和发展。通过与各关键利益群体建立良好的关系，企业可以赢得它们的支持和青睐，从而为自身创造一个更有利的生存和发展环境，进而增强自身的竞争力。

在看待和处理与各相关利益群体的关系方面，存在两种主要的企业文化类型。

一是企业本位型企业文化，这种文化将企业自身利益置于中心，在处理与相关利益群体的关系时，以最大化自身利益为核心原则。在企业利益与相关利益群体的利益产生冲突时，这种文化倾向于优先考虑企业利益，甚至不惜牺牲其他利益群体的利益，来实现成本外部化和收益内部化的最大化。在这样的经营价值观的指导下，企业可能将顾客看作利润的来源，利用信息优势进行不平等交易，销售质次价高的产品以剥削顾客。更极端的情况，企业可能涉及制造和销售假冒伪劣产品，给消费者和社会造成严重伤害。面对竞争对手，受这种文化影响的企业可能采取激烈的措施，如价格战、垄断原材料，甚至使用暴力手段，导致市场混乱和秩序紊乱；还可能无视国家法律和社会整体利益，对自然资源进行掠夺性开采和破坏性开发，污染自然环境，破坏生态平衡。虽然这种文化指导下的经营行为在短期内可能会带来异常高的利润，但这些利润是以牺牲相关利益群体的利益为代价的，因此必然会引起这些利益群体的不满，恶化企业与其存续发展环境中的相关利益群体的关系。从长远来看，这种关系的恶化将会对企业的存续产生严重不利影响，因为失去社会环境的支持，企业将面临各种挑战，包括声誉损失、市场份额下降、监管机构的严格审查，甚至可能面临法律诉讼和公众抵制。这种短视的企业文化和经营策略最终会损害企业的长期利益，导致企业在竞争激烈的市场中难以持续生存和发展。所以，虽然企业本位型企业文化可能在初期为企业带来一定的经济利益，但从长远来看，它对企业的负面影响远远超过短期利益。这种企业文化的缺陷清晰可见，因此，持这种文化的企业领导者和决策者应认真反思和调整其企业文化和经营策略，以符合法律法规，尊重并保护相关利益群体的利益，促进企业的健康和可持续发展。

　　二是社会本位型的企业文化，这种文化强调企业在追求自身利益的同时，应考虑社会整体经济利益的重要性。这种文化认为，企业既是以营利为目的的经济实体，也是社会经济结构中的一个关键部分，应在维护自身利益的同时，考虑社会其他相关利益群体的需求，视这些利益群体为与自身等同的社会经济参与者，尊重它们的合法权益，并在合作中寻找互利共赢的途径。在这种文化的指导下，企业视顾客为宝贵资源，不仅追求利润，更重视通过提供优质产品和服务来满足顾客需求，并在此基础上获得合理的利润。对于供应商、金融机构和股东，这种文化提倡的是公平交易和诚信原则，确保所有参与方的利益得到平等保护和实现。面对竞争对手，这种文化鼓励企业将其视为合作伙伴，而非敌人，遵循市场规则，与之合作以实现共存共荣。对于社会责任和义务，这种文化鼓励企业公正地对待其活动对社会的影响，积极承担相应责任，并参与解决社会问题，将这些问题转化为企业发展的机遇。对于自然环境保护，这种文化要求企业考虑人类整体利益和长远利益，遵守可持续发展原则，严格遵循相关法律法规，合理利用自然资源，保护环境。虽然社会本位型企业文化在短期内不会为企业带来高额利润，但其倡导企业与各相关利益群体建立和谐关系，这能够为企业赢得广泛的认可和支持，这种正面的外部环境为企业的长期生存和发展提供了极为有利的条件。因此，社会本位型企业文化有助于企业的可持续发展，促进企业与社会的和谐共生。

二、企业文化对企业核心竞争力的影响

（一）企业文化是企业核心竞争力的核心要素

1.定义企业身份和价值观

企业文化是企业身份和价值观的体现，有助于企业塑造独特的品牌形象和市场定位。强大的企业文化能够吸引客户和员工，使其与企业的理念和目标产生共鸣，还能为员工提供一个共同的价值观和目标体系，在激励员工、引导员工行为方面起着关键作用。企业文化的一致性和明确性有助于提升员工对企业的信任度和忠诚度，进而提升员工的工作满意度和绩效。

2.影响企业决策和运营

企业文化对企业的决策和运营具有深远影响。例如，以创新为核心的企业文化会鼓励风险承担和创新思维，推动企业在市场上保持领先地位。在操作层面，企业文化影响员工的工作方式和工作流程的设计。例如，强调团队合作和沟通的文化更有利于促进团队工作和知识共享，这对解决复杂问题和提高工作效率至关重要。

3.塑造员工行为和组织氛围

企业文化形成了一种内在的指导原则，能够帮助员工在日常工作中做出决策，尤其是在面对道德和战略抉择时，员工行为和态度的一致性，反映出强大和积极的企业文化。除了影响员工个人，企业文化还塑造整个组织的氛围，一种积极、支持开放的组织氛围能够激发员工的潜力，促进组织创新和个人成长。

（二）企业文化是企业核心竞争力的源泉

文化作为一种重要的生产力，既反映特定的生产力水平和生产组织

形式，也与这些因素相互适应和影响。作为社会结构的重要组成部分，文化对经济发展有着深远的影响，其重要性在某些方面甚至超越了物质生产力。通过比较不同社会或企业文化，可以看到它们对社会或企业生产力的影响各不相同。文化发挥其生产力作用的关键在于人。不同的文化背景能塑造出具有不同素质和能力的人，这些人进而影响和改善其他生产力要素的质量。文化对生产力的影响主要体现在两个方面：一方面是文化包含的价值观念，能为人们提供行为准则，从而使得人们在特定文化环境中找到自己的定位，清晰地知道哪些行为是被鼓励或被禁止的；另一方面是文化的核心作用在于激发和释放人的创造性潜能，通过这种激发和释放，文化能够推动创新发展，对提高生产力起着关键作用。

1.企业文化——企业经营战略的指南针

企业的经营战略通常建立在一定假设、前提和信念上。一些企业在实施战略时面临困难，而企业文化与经营战略的不协调成为导致失败的主要原因。企业文化在企业经营战略中扮演着至关重要的角色，这可以从两个方面来解读。一方面，企业文化的核心价值观引导着经营战略的定位。在现代企业中，经营战略通常是在企业文化的核心元素的指导下形成的，这些元素规范并营造了企业的总体经营思想、路线和方针，为战略的发展提供了方向和基础。另一方面，企业文化氛围对经营战略的实施起着关键作用，任何经营战略的成功实施都需要企业全体员工的共同努力和自觉执行，如果没有企业文化的引导和支持，即便是最完善的战略也只能是空谈。企业文化通过其营造的整体价值取向、经营观念和行为方式，潜移默化地影响并指导全体员工去实施和执行既定的战略，确保战略目标的实现。

2.企业文化——企业组织的灵魂

企业文化被视为企业组织的灵魂，因为它定义了企业的核心价值观和信念，塑造了企业的行为规范和工作方式，这种文化深植于企业的每个层面，从决策过程到日常运营，影响着员工的行为、态度和动力。强有力的企业文化能激发员工的热情和创造力，提高团队协作效率，增强企业的凝聚力和竞争力。在良好的企业文化的引导下，员工更容易理解和认同企业的目标和愿景，从而更加积极地贡献自己的力量。良好的企业文化还有助于构建一个正面的工作环境，提升员工的满意度和忠诚度，降低员工的流失率。对外部而言，企业文化一方面影响着品牌形象和市场声誉，另一方面有助于吸引合作伙伴和投资者。在市场竞争日益激烈的今天，企业文化的重要性不容小觑，它代表着企业的内在价值和精神面貌，更是推动企业持续发展和成功的关键因素。

3. 企业文化——企业创新力的原动力

企业文化中对创新的支持不仅体现在口头上，更体现在实际行动上，如投资研发、提供创新资源和建立激励机制。这样的文化鼓励知识分享、跨部门合作及打破信息孤岛，为创新思想的交流和碰撞提供了肥沃土壤。积极的企业文化还能帮助员工在失败中汲取教训，持续改进和优化，而不是沉溺于挫败感。这种对创新的鼓励和对失败的宽容构成了一个循环增强的系统，不断推动企业创新能力和整体竞争力的提升。

4. 企业文化——企业竞争的最高境界

企业文化在竞争中可达到的最高境界体现在海尔的案例中，海尔之所以能通过文化注入方式取得成功，是因为海尔除吸收西方发达国家的先进管理经验外，更重要的是将其与中国国情相结合，创造了适合中国特色的管理文化。海尔提倡的"敬业报国，追求卓越"的价值观，以及建立在该价值观上的文化，使得海尔紧密团结，共同为打造国际品牌而努力。这种文化促使海尔成功赢得了社会认可，并对周围环境产生了深远影响，形成了榜样效应。通过文化注入而非资金注入，海尔大幅度降低了经营风险和成本（甚至实现了零成本），并为企业快速成长探索出了一条有效途径。因此，越来越多的企业开始重视企业文化在企业改造和发展中的关键作用。

（三）核心竞争力是企业文化功能的体现

随着经济全球化的加速，企业文化的重要性日益凸显。企业的发展动力和凝聚力源于其文化，没有成功的企业文化，企业的生命力将受限。企业文化之所以重要，可以从以下几个方面来理解。

1. 企业自身的需求

企业文化是企业的一个核心要素，特别是对那些正在从个人主导向现代企业治理转变的公司而言，这一点尤为显著。健康的企业文化能有效地削弱或者取代个体在企业中过分的影响力，为企业提供一个稳定发展的基础。通过培养和强化正面的企业文化，企业可以铺设更加顺畅的发展路径，减少个人主义对企业发展带来的不稳定因素。

2. 管理制度的需求

管理制度中不可避免的漏洞有时会带来重大的负面影响，而负面影响的程度在很大程度上取决于员工对企业的忠诚度。积极、健康的企业文化可以有效地弥补管理上的漏洞，通过培养和提升员工的忠诚度来减小可能的负面影响。企业文化的力量在于它能够激发员工的信任感和归属感，这对维护和提升员工的忠诚度至关重要，这样员工更可能主动维护企业的利益，即使在面对制度漏洞时也不例外。

3. 人才竞争的需求

在激烈竞争的人才市场中，共同价值观对增强员工的稳定性和归属感至关重要，这种共识使企业更具吸引力，能够更有效地招募和留住关键人才。当员工感到他们的价值观与企业的文化和目标一致时，他们更有可能对企业产生忠诚感，进而降低流动率。在竞争日益加剧的商业环境中，通过塑造一种与员工价值观相契合的文化环境，企业能够在人才争夺战中占据有利地位。

4.市场竞争的需求

积极、健全的企业文化对提高工作效率、削减不必要的开支、提升品牌及产品价值非常重要，这些因素共同作用于企业市场竞争力的提高。通过培育这样的文化，企业能够激发员工的最佳表现，优化资源配置，降低运营成本。同时，强大的企业文化可以增强顾客对品牌的认同感，提升产品的吸引力，为企业在激烈的市场竞争中赢得优势。

5.经营业绩的需求

约翰·科特（John P.Kotter）和詹姆斯·赫斯克特（James L.Heskett）在《企业文化与经营业绩》中明确提出了企业文化对经营业绩的显著影响，这个观点随后得到了广泛认可。积极的企业文化可以激发员工的潜能，促进更高的工作效率，直接影响企业的盈利能力和市场表现。企业文化能深刻影响员工的工作态度、团队合作效率以及对创新和变革的适应能力，而这些因素共同构成了企业在市场竞争中获得优势的关键。

6.管理创新的需求

作为现代企业管理理论和方式的重要组成部分，企业文化以其丰富的内涵、科学的管理思想、开放的管理模式和柔性的管理手段为企业管理创新提供了广阔的可能性。加强对具有中国特色的企业文化的研究、应用和实践，是企业管理创新的必经之路，也是完善和建立现代企业制度的重要途径。

（四）品牌是企业文化作用于企业核心竞争力的具体体现

1.品牌是企业文化的反映

品牌的作用远远超越了作为企业的符号或名称，它深刻地体现了企业的文化精髓。品牌通过其独特的视觉设计、交流手段和顾客体验，向消费者及其他相关方传达了企业的核心价值观、使命和远景。强大的品牌能够有效地传递企业的主要理念和价值，为消费者塑造一个鲜明且积极的企业形象。例如，苹果公司的品牌形象不单是其高品质产品的象征，更是其创新性、简约设计等企业文化要素的传播。这些文化要素通过品牌传达给公众，使品牌成为企业文化的直接代表和传播者。企业的品牌故事能形象地反映它的业务理念和运营方式。品牌在塑造消费者感知和期望方面起着关键作用，它通过各种渠道和触点，将企业的价值观和文化特质传递给其目标受众。

2. 品牌有助于维护顾客忠诚度

顾客忠诚度的形成基于品牌与顾客之间的情感联系，这一联系往往源自品牌所体现的文化和价值观与顾客个人信仰的契合。当消费者发现一个品牌的价值观与自己的信念一致时，他们很可能会变成该品牌的忠实支持者。品牌传递的不只是产品信息，更是一种文化和情感的交流，它通过故事、视觉符号和品牌体验等方式与消费者进行沟通，建立起一种超越产品本身的深层次连接。此外，品牌忠诚度的建立是一个长期的过程，它需要品牌不断地与消费者进行互动和沟通，通过持续的市场活动、客户服务和品牌体验优化，加深与顾客的联系，增强其对品牌的忠诚度。

3. 品牌是市场差异化的工具

品牌在市场上的独特性是企业区别于竞争对手的关键，能使企业在市场中占据特有的位置。品牌差异化还体现在它所传递的信息和价值观上，品牌通过其独特的故事、象征，向消费者传达企业的文化理念，从而使品牌不仅仅成为商品的代名词，更成为一种特定生活方式或信仰的标志。

4. 品牌在全球市场中的作用

在全球化进程中，品牌已成为企业在国际市场中的重要标志。强大的品牌能够超越文化与地理的界限，有效地传达企业的核心价值观。以可口可乐为例，这个全球性品牌不仅在世界各地销售其产品，更将其品牌文化成功传递给了全球消费者。在国际市场竞争日益激烈的今天，拥有一个跨越文化界限的品牌，对于企业来说是一个巨大的优势，能够增强其在全球市场中的存在感和影响力。

5.品牌与企业社会责任

强势品牌在推动企业履行社会责任方面发挥着关键作用。品牌不仅是企业的标志，还是企业承担社会责任和环境责任的展示窗口，这种展示不仅有助于企业树立良好的公众形象，更能增强消费者的信任和忠诚度。以宜家为例，其对可持续性和环保的强调是企业文化的一部分，并通过品牌传递给了公众。宜家的品牌传播了其对环境友好和资源可持续利用的承诺，从而稳固并提升了其市场地位，还增强了公众对其品牌的认可。

企业积极承担社会责任，既有助于提高自身在消费者心目中的地位，也有助于增强消费者对品牌的忠诚度。例如，企业在环保、社会公益等方面增加投入的行动将通过品牌传递给消费者，从而树立正面的品牌形象。

第四节　现代企业文化的构筑与建设

一、现代企业文化构筑与建设的原则

（一）创新与继承相统一的原则

创新是民族进步和发展的核心驱动力，也是企业发展的关键动力。构建企业文化的核心要义就是持续创新。每个企业都有其独特的企业文化，这些文化随着环境变化和社会进步不断演进和发展，企业文化的独特性本就代表了一种创新，与传统企业文化相比，发展中的企业文化也体现了创新的特点。在建设企业文化的过程中，创新是其根本宗旨。没有创新，企业文化无法发展，企业亦难以成长。特别是在科技迅速发展、市场竞争日趋激烈、环境变化多端的当下，创新在企业文化建设中的作用显得尤为重要。但是，值得注意的是，任何企业文化的形成和发展都是在继承人类文明成果的基础上实现的，并非源自某个人或某群人的一时想象或瞬间灵感，企业文化的建设应以继承传统文化的精髓为基础，根据发展的需求进行持续创新。只有这样，企业文化才能展现出强大的生命力和发展潜力，为企业的持续发展提供坚实的文化支撑。

每个企业都拥有自己独特的文化，这种文化无论是否被显性认识到，都是由长期的实践活动、人际互动以及情感交流逐渐形成的。企业文化通常包括特定的处理问题的方法、惯例或组织常规，以及各种成文或不成文的习惯，这些逐渐发展成为企业的传统并形成企业文化。即使是新成立的企业，其成员也来自不同的背景，每个人都有自己的行为方式、工作习惯和生活方式，这些都受到传统文化思想的影响。中国传统文化历史悠久，内容丰富，其中以民为本的思想，整体观和群体意识，关注社会责任和优先考虑集体利益的大局观，强调人际关系和谐以及明确公私、利义之辨的道德情操，实事求是的唯物主义精神，坚忍不拔、自强不息的民族精神等，都是值得在企业文化中继承和弘扬的。而传统文化中的糟粕部分，如轻视体力劳动、宗法等级观念和家长制作风、轻视科学和物质利益等，都是不宜保留的，需要进行改革和转变。因此，企业应倡导科学精神，鼓励竞争和进取，引入市场经济文化，推动企业文化的发展。

对待传统文化，既不能全面否定，也不能完全继承，而应在实践中对传统文化进行综合改造，主动吸收人类文明中先进、优秀的文化成果，不断更新企业文化的内容和形式，培养员工对市场文化的认知，推动企业文化的健康发展，促使其更好地适应时代的发展，从而推动企业的长期繁荣与进步。

（二）个性与共性相统一的原则

企业文化展现了个性与共性相结合的特点，观察不同国家的企业，可以发现，受各自民族文化以及环境差异的影响，企业文化也呈现出各自民族的特色，这种差异源于每个国家独有的文化背景和社会环境。但是，企业作为商品生产和经营的主体，必然会遵循一些普遍的客观规律。例如，尊重和重视人才，激发员工的积极性和创造力，承担社会责任和义务，不断提高经济效益，以及赢得社会公众的信任和支持等。同样的，即使在同一国家内，不同企业之间也会表现出各自的文化特点，体现出其独特的个性，这些个性在相同的民族文化和社会环境中生长，也遵循着共同的客观法则，这种个性与共性的结合构成了多彩多姿的企业文化世界。在全球经济一体化的背景下，跨国公司的兴起显得尤为突出，这些公司在不同国家设立的分支机构，须适应当地的民族习俗、社会风情和文化环境，以便获得当地消费者的认可和信任。同时，这些分支机构还须保持与母公司一致的核心企业文化，这是它们共性的体现。

企业作为生产力的体现者和商品生产经营者，其文化中包含的共性源于企业在社会化大生产中的共同任务和职能，即有效地组织共同劳动并遵循社会化生产的规律，这种共性是普遍存在的，不会因社会制度的差异或企业间的不同而改变。从企业的社会属性出发，位于不同社会环境和行业的企业，由于所处的社会文化环境、内在因素及其组合方式的差异，每个企业的文化都具有其独特的个性。这些个性并不随人的意愿而改变，而是深植于企业的独特背景和特点中。企业文化建设应坚持个性与共性相结合的原则，紧跟时代发展步伐，将企业的内部特质与外部环境有效结合，最大化地激发各种因素的组合效能，为社会发展和进步做出重大贡献。

在构建具有中国特色的社会主义企业文化的过程中，集体主义价值观是其本质的一部分，这种价值观和时代特征构成了社会文化的共性基础。每个企业都有其独特的发展起点、历史经历、内部因素和社会职能，由此形成了不同的文化氛围，展现出了不同的个性，企业的生命力正是在这些独特个性中得以充分体现。企业文化是时代特征在企业经营管理活动中的具体表现，是时代特色与企业特点相结合的结果。缺乏明确特征的企业文化会显得乏味和缺乏活力，因此，在建设企业文化时，需要强调个性的突出，实现个性与共性的有机统一，以促进企业的全面发展。

（三）微观与宏观相统一的原则

从微观层面看，企业文化的构建始于每一个员工，包括员工的价值观、行为习惯、工作态度和个人目标等。在这个层面上，企业文化建设的重点是培养员工的归属感、责任感和创新精神。因此，企业需要通过各种活动，不断强化员工对企业文化的认同，鼓励他们积极贡献自己的力量。企业还需要为员工的个人成长和职业发展提供必要的资源和支持，以确保员工在个人层面上与企业文化保持一致。

从宏观层面看，企业文化是企业整体价值观、使命、愿景和战略目标的体现，在这个层面上，企业文化建设关注的是企业如何在更广泛的市场和社会环境中定位自己，如何与外部利益相关者建立关系，如何通过文化引领企业实现长远发展。在这个过程中，企业需要将内部文化与外部环境相结合，确保企业文化既反映内部员工的共同价值观，又能够适应外部环境的变化。

微观与宏观相统一的原则要求企业在个体和整体之间找到平衡点，在个体员工的培养和发展与整个企业的战略目标之间建立桥梁。这意味着，企业文化不仅要在员工层面得到体现和强化，也要在企业层面得到贯彻和实施。

（四）竞争性与内聚性相统一的原则

企业文化的核心是培育员工面对市场挑战时的竞争意识，并营造一种强大的凝聚力。在市场经济体系中，竞争机制作为一种基本的运作方式，是商品经济的直接产物，竞争精神则成为企业文化与市场经济相融合的必然产物。企业文化的构建旨在激发个体的积极性、坚忍不拔的毅力、创新的勇气，以及促进员工之间的友爱、团结、信任、合作和进取气氛的形成，促使整个团队为实现共同的目标而努力。竞争既能激发人的斗志，还能促进凝聚力的形成。优良的企业文化应倡导公平、有序的竞争，从而增强员工之间的亲密感和信任感，以及员工对企业和民族事业忠诚和无私奉献的精神。内聚力的增强既有助于企业内部形成共同的价值观念，又有助于促进员工对共同目标的准确理解和认同。所以，在构建企业文化时，应秉承竞争性与内聚性相统一的原则，以实现企业的共同愿景。

（五）群众性与先进性相统一的原则

企业的核心在于人。企业文化的根本目的在于激发人的积极性和创造力，进而更有效地实现企业的目标。人的积极性和创造力的发展依赖自身的能力和动力，群众性体现了人的基本能力，而先进性则决定了动力的强度。在企业文化的建设中，正确处理群众性与先进性的关系，也即平衡能力与动力的关系，是企业获得成功的关键。在实际操作中，拥有较强能力的个体往往更容易取得工作成就，但能力的发挥和发挥的程度受到动力的影响，即个体有多大的愿望去发挥自己的能力。人的能力相对稳定，不会在短期内发生大的变化。因此，企业文化建设的目标在于激发员工的动力，以便让每个人的能力得到最大程度的发挥，这便是群众性与先进性的融合。

人的动力可以分为物质动力、精神动力和信息动力。物质动力受目标价值的影响；精神动力依赖正确的观念意识，这种意识帮助人们选择和理解目标，并处理信息；信息动力则帮助人们了解实现目标的可能性。建立企业文化是为了培养符合时代精神的观念意识，确立科学、合理的价值目标，营造和谐的人际关系，构建有效的沟通网络，以激发人们为了共同的理想和目标而努力奋斗。所以，企业文化必须具有先进性，缺乏先进性的企业文化容易使人陷入对现状的满足，失去行动的动力，导致人的潜能无法得到充分发挥。同时，超脱现实、空泛的目标也是无效的，企业文化的真正力量在于其广泛的群众基础，只有广泛征求意见，汇集各方智慧，企业文化才能实现群众性与先进性的统一。

二、塑造良好的企业形象

（一）内部文化与员工培养

企业内部文化的建设对塑造良好的企业形象很重要。积极、包容的企业文化能激励员工奋发向上，增强团队凝聚力。企业应重视员工的个人成长和职业发展，通过提供培训和发展机会，帮助员工提升技能和职业素养。企业还应鼓励创新思维和团队合作，为员工创造一个开放和支持的工作环境。员工作为企业的一部分，其行为和态度在很大程度上代表了企业的形象，因此，培养高素质、专业的员工队伍是塑造良好企业形象的关键一环。

（二）客户关系与服务质量

良好的企业形象一方面取决于过硬的产品和服务质量，另一方面在很大程度上依赖高质量的客户服务。企业需要重视客户的需求和反馈，这是提高客户满意度的关键，为此，建立一套有效的客户服务系统至关重要。例如，通过设立客户服务热线，企业可以为客户提供及时咨询的途径，这种直接的沟通方式能够迅速解决客户遇到的问题，减少客户的不满和误解。通过建立反馈机制，企业能快速获得客户的使用体验和建议，通过及时回应这些反馈，企业不仅能解决现有问题，还能预防未来可能出现的问题，从而提升客户的整体满意度和对品牌的忠诚度。

　　除了优化客户服务流程，企业还应定期进行客户调研，深入了解客户的需求和期望，这些信息可以帮助企业判断市场趋势，同时是企业持续改进产品和服务的重要依据。调研结果应用于产品开发和服务优化，能够更好地满足目标市场的需求，增强客户对品牌的信任度和忠诚度。通过积极与客户互动，建立稳固的客户关系，企业能够形成良好的口碑，这是提升企业形象的重要途径。对企业满意的客户往往更愿意与他人分享他们的正面体验，这种自然形成的推荐比任何形式的广告都更有效。

（三）创新与技术应用

　　创新能够推动企业的技术进步，同时是塑造企业形象的核心要素。企业需要不断地投入研发资源，以创新产品和服务，从而适应快速变化的市场需求和消费者期望。这种不断创新能够使企业在竞争中保持领先地位。例如，投资人工智能、物联网、可持续能源技术，既可以开发出符合未来趋势的产品，还能体现企业对行业发展趋势的洞察力。需要注意的是，创新不限于产品本身，还包括服务方式、营销策略和企业管理等。例如，开发新的客户服务工具或应用程序，可以提升客户体验感，增强客户与品牌的互动。通过这些创新实践，企业可以展现其对市场的敏感度和对消费者需求的深刻理解，在消费者心中树立一个积极、创新的形象。

　　技术的应用对提升企业运营效率和产品质量同样关键。利用最新技术，如大数据、云计算和自动化，企业可以优化其业务流程，提高效率和降低成本。例如，通过大数据分析消费者行为，企业可以更精准地制定市场策略和确立产品定位，从而更好地满足市场需求。在生产方面，采用先进的制造技术和自动化设备不仅可以提高生产效率，还能确保产品质量。这些技术的应用能进一步提升企业的运营效率，以及在消费者心目中的良好形象。

（四）社会责任与可持续发展

现代社会越来越重视企业在环保和社会福祉方面的贡献，因此，企业应积极参与社会公益活动，如环保项目、教育支持和慈善捐赠等。这些活动不仅能展现企业对社会责任的承担，还能深化公众对企业品牌的正面认知。例如，企业可以通过减少生产过程中的碳排放和使用可再生能源来展示其对环境保护的承诺，这样的环保措施不仅能减轻有害物对环境的影响，也能在社会大众中树立企业的负责任形象。企业还可以通过支持教育项目和参与社区建设活动，展示其对社会发展的贡献和关注，这些都有助于在公众心中树立一个积极、富有社会责任感的企业形象。

另外，企业应加强对内部员工的关怀，为员工提供良好的工作环境和完善的职业培训，这不仅能提高员工的工作满意度和忠诚度，还能增强企业的内部文化和团队精神。员工是企业的重要代表，他们对企业的满意度直接影响到企业的形象，所以，企业应重视员工的福利和职业发展，如提供健康保障、职业培训计划和职业晋升机会。

（五）品牌与市场定位

品牌建设是塑造企业形象的基石，一个明确、独特的品牌定位能使企业在竞争激烈的市场中脱颖而出。首先，企业需要明确自身的核心价值观和目标市场，这有助于确定品牌的基调和方向。例如，若企业强调创新和科技，其品牌形象则应反映这些元素，并通过营销策略将这些元素传达给目标消费群体。其次，企业应保持品牌一致性，确保所有的产品、服务和营销活动都与品牌形象保持一致，这有助于加强消费者对品牌的认知度和忠诚度。最后，有效的市场定位能够帮助企业确定其在消费者心目中的独特地位，因此，企业应清晰地理解自身的核心优势、目标客户群体以及在市场中的竞争地位。例如，通过准确地识别目标客户群体的需求和偏好，企业可以开发出更符合这些需求和偏好的产品和服务，从而在消费者心目中建立起特定的品牌印象。

三、对企业文化实施立体管理

（一）企业文化管理的"点"

在企业文化管理中，"点"的概念至关重要，因为它涵盖了企业领导者与所有员工。企业领导者有责任通过培训、激励等手段，促使员工不仅认同企业文化，而且深入理解并积极执行这一文化。员工则应在实践中不断丰富和发展企业文化，确保企业文化在每个部门、每个分支机构及每个岗位上得到有效贯彻。对企业文化的这种"点"式管理和控制，是确保企业文化深入人心、落到实处的基础。

尽管企业文化的核心理念对所有成员是统一的，但对企业领导者和普通员工的具体要求存在差异，这种"同中有异、异中有同"的现象体现了相同文化在不同人群和岗位中的多样性实施。以"开拓进取"为例，在精神层面上，其对所有人的要求都是一致的，即不断追求创新和进步。但是，在具体实施层面上，"异"体现在对不同角色的不同要求：对于大股东而言，"开拓进取"意味着不断寻找新的投资机会，促进企业发展和盈利；对于职业经理人而言，"开拓进取"是维持企业的快速发展，向投资者和员工展示出色的成绩；对于普通工人而言，"开拓进取"则是通过高效、优质的工作，圆满完成任务。"异中有同"则指虽然不同员工在不同岗位上承担着不同工作，这些工作具有不同的性质、方式和要求，也伴随着不同的权利、义务和责任，但对他们的基本要求是相同的。这种统一的文化要求与多样的实践需求相结合，使得企业文化既具有普遍性又具有适应性，能够在各个层面上得到有效实施，从而促进企业整体的发展和进步。所以，企业领导者必须理解并尊重这种文化实施中的多样性，确保所有成员都能在其岗位上有效地实践企业文化，共同推动企业的长远发展。

（二）企业文化管理的"线""面"

企业文化管理的"线"，是理解和实施企业文化的重要环节，涉及企业文化管理的各个"点"，即个体成员之间的相互联系。企业文化管理的"线"可以细分为"水平线""纵向线"两大类，其中，"水平线"指的是平级成员之间的横向联系，涵盖各级领导、中层干部、普通员工之间，以及不同部门、分支机构和岗位之间的沟通与协作。这种横向联系强调同级别的交流，目的是促进信息共享和团队合作，从而确保企业文化在各个层面得到均衡发展的关键。"纵向线"则涉及上下级之间的关系，它是构成企业内部人际关系和工作关系的核心部分，包括领导者与被领导者之间、总公司（或集团公司）与分公司之间，以及总公司与各部门、分公司和各业务岗位之间的关系。纵向线的管理重点在于确保企业文化在不同级别和不同层面之间得到有效传递和实施，它强调权威与责任、指导与执行之间的互动。

将这些"点""线"有机地结合在一起，就构成了企业文化管理的"面"。在"面"上，不仅每个成员需要尽职尽责，而且不同层级之间需要实现相互之间的协同联动。企业文化管理的"面"示意图如图3-5所示。

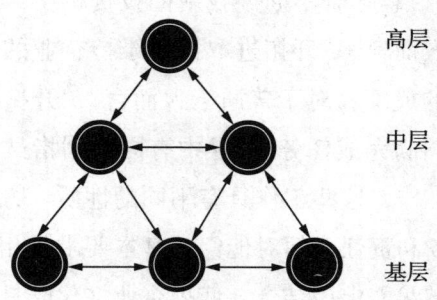

图3-5　企业文化管理的"面"示意图

（三）企业文化管理的"体"

企业文化管理的"面"有效地描绘了组织内部的静态文化结构，但若将时间维度纳入考量，这一概念便演变成"体"，这种转变意味着企业文化管理不只是一种静态的、一成不变的模式，而且是一个动态的、随时间的推移而发展的过程。企业文化管理的立体空间展示了企业文化是在持续的时间流中不断进化和适应的，企业文化管理则是一种具有行业特色和企业个性的动态管理形式。不同的企业，根据其特定的环境、需求和特点，会拥有各自独特的企业文化管理方式。这种立体管理的观点强调企业文化不是一个固定不变的构架，而是随着时间和环境的变化而变化，反映了企业灵活适应外部变化和内部发展的必要性。

四、对企业文化的价值链与文化链实施互动管理

（一）价值链的概念

迈克尔·波特（Michael E. Porter）教授提出了价值链的概念："价值链将一个企业分解为战略性相关的许多活动。企业正是通过比其竞争对手更廉价或更出色地开展这些重要的战略活动来赢得竞争优势。"[①] 他还绘制了企业基本价值链示意图，如图 3-6 所示。

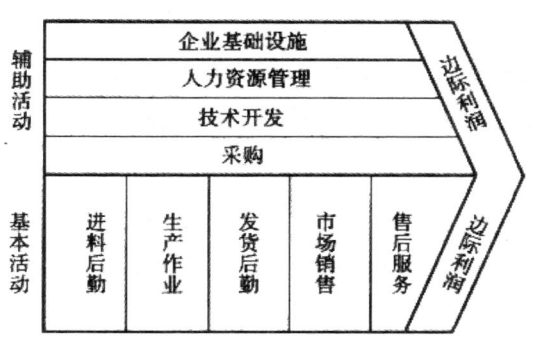

图 3-6 迈克尔·波特的基本价值链示意图

---

① 迈克尔·波特.竞争优势.陈小悦，译.北京：华夏出版社，1997：37.

迈克尔·波特教授对价值链的概念具有深刻的洞见。

第一，任何企业（尤其是生产制造型企业）的运营均包含一系列的基本活动，如设计、生产、营销和交付等，以及对产品具有辅助作用的各种活动，这些活动的总和构成了企业的价值链。

第二，尽管同一行业内的企业可能拥有相似的价值链，但不同企业之间的价值链通常存在差异，这些差异是形成竞争优势的重要因素。以日本和中国的钢铁公司为例，虽然它们拥有类似的价值链结构，但日本的钢铁公司在成本控制、质量管理以及提高劳动生产率方面的严格追求，使其在员工数量更少、规模更小的情况下，仍保持了较大的产量、更高的产品质量、更多的产品种类和更大的利润。这种对价值链管理的细致关注和优化，使日本的钢铁公司在竞争中拥有了显著的优势。

迈克尔·波特教授在其价值链理论中进一步阐释了企业的价值活动，并将其划分为基本活动和辅助活动两大类。基本活动涉及产品从创造到销售再到售后服务的整个流程，是直接与产品的生产和消费相关的活动，包括产品的设计、生产、销售及售后服务等，这些活动是企业价值链中的主要组成部分，直接影响产品的质量和市场表现。辅助活动则是支持基本活动的后台操作，它们虽然不直接参与产品的生产、销售和服务，但对整个价值链的高效运作起到关键作用。例如，人力资源管理部门的工作，如员工招聘、培训、人才开发、绩效考核、薪酬设计和离职面谈等，虽然这些活动不直接涉及产品的生产和销售，但它们为企业的正常运营提供了必要的服务和管理支持，能够保障企业拥有高效的工作团队和优秀的员工。

第三，企业的采购、技术开发和人力资源管理等部门与基本活动相互联系，共同支持整个价值链的运作。企业基础设施虽然不直接参与特定的基本活动，但它们为整个价值链的高效运作提供支持，这些基础设施虽然看似与产品生产无关，但对企业正常的生产经营活动至关重要。根据波特的观点，每一种价值活动与经济效果之间的结合方式，将决定一家企业在成本方面的相对竞争能力，每一种价值活动的实施方式不仅决定了其对满足买方需求和创新贡献的程度，还影响着企业在市场中的竞争力。通过与竞争对手的价值链进行比较，可以揭示企业形成竞争优势的关键差异所在，这些差异是企业在市场中取得优势的决定因素。

（二）文化链的概念

文化链并非孤立存在的，而是紧密依附于企业的价值链。在企业价值链的每个环节，如设计、生产和销售等，文化链都能得到充分体现，并对价值链产生显著影响，这种影响主要体现在企业文化对员工工作态度、方法和思维方式的塑造上。这些文化因素最终会在员工的日常工作、人际关系处理以及对利益相关方的态度和行为中显现出来。创建有效的文化链，首先，需要对价值链进行合理的界定，明确各业务单位的核心功能及基本活动和辅助活动，并排除多余或不必要的环节。这一过程将使企业的运营流程、战略流程和人力资源流程更为通畅和简洁，通过文化链的建立和实施，可以进一步简化这些流程，达到降低成本和提高效率的目的。其次，对企业文化的梳理和重新设计也是构建文化链的关键一环，这涉及对现有企业文化的审视和调整，确保其更加清晰、符合时代要求，并能够得到员工的广泛接受和认可。梳理和重新设计企业文化，可以使企业文化更加贴合当前的业务需求和员工期望，进而更有效地推动企业文化的实施和传播。

（三）文化链与价值链有机融合

文化链与价值链的有机融合需要遵循几个关键步骤。第一步，领导层需展现对企业文化建设的坚定决心、信心及持久性，以驱动文化链的强化。第二步，引入专家的指导能够提升文化建设的合理性和完整性，确保企业文化的整体水平得到提升。第三步，通过广泛的讨论，深化员工对企业文化的认知和理解。第四步，调整现有的制度安排和激励机制，对文化链中的各环节进行有效监督和控制也是必不可少的，包括采取"疏"与"导"相结合的双重策略和"奖"与"惩"相结合的方法，确保企业文化能够自然而然地融入价值链的每一个环节。第五步，确保企业文化的执行得到充分保障，并持之以恒地进行。

（四）文化链与价值链互动升华

文化链与价值链在某种意义上是企业中同一事物的两个不同维度，它们相互渗透、相互依存，价值链的存在是文化链讨论的前提，而没有有效的文化链，价值链也难以创造高附加值。企业的日常生产、经营和管理活动形成了价值链，这一链条应当反映并体现企业所倡导的文化。同样，企业文化需要持续地指导这些具体的实践活动，只有在持续的有机互动中，文化链与价值链才能实现真正的互动升华。

在这种互动中，首先需要的是价值链体现文化链，具体来说，就是企业在生产技术、经营管理、生活学习等各方面都应不断地用企业文化来武装自我、激励自我、完善自我、超越自我。这种文化的深入，能使企业展现出独特且卓越的文化特质。其次需要的是文化链指导价值链，在这一过程中，员工必须全面认同并积极履行企业的精神文化、制度文化、行为文化和物质文化，并将这些文化元素内化为自己的行为准则，在企业文化的引领下，以创造性的方式开展工作。通过这样的互动，企业文化能够在实际操作中得到落实，而且价值创造活动的合理性和效率也能得到显著提升。在更高的价值创造平台上，企业文化能够持续发展和完善，从而体现出互动的升华效果。

五、实施跨文化管理

（一）跨文化培训

跨文化培训旨在帮助来自不同文化背景的员工深入理解多元文化，

增强他们在跨文化环境中的认知、交流和心理适应能力。这种培训对处理日常工作中的文化冲突及顺畅地展开跨文化工作非常重要，且是解决跨文化管理问题的一种有效手段。

1.跨文化培训的内容

跨文化培训主要包含两方面的内容。一方面是知识认知类培训，这是跨文化培训的核心部分，此类培训通过教授东道国的历史、制度、文化和习俗等相关知识，帮助受训者对跨文化环境有一个理性的了解和认知，具体的培训内容通常涵盖文化差异的学习，东道国文化介绍，东道国价值观讲解，母国文化认知，文化如何影响管理风格、员工行为、决策过程以及行业规范等方面的分析，以及东道国语言学习。另一方面是经验技能类培训，这类培训与知识认知类培训相辅相成，旨在解决在特定文化背景下的实际操作问题，即"如何做"的问题。通过传授各种跨文化技能，提升受训者在跨文化环境下的适应能力和解决冲突的技巧，包括如何在跨文化背景下适应不同环境、管理压力，提高沟通技巧及谈判技能等。

2.跨文化培训的方式

跨文化培训的方式主要有事实法、分析法和体验法三种，具体内容如表3-2所示。

表3-2 跨文化培训方式

分类	培训目的	培训方式	描述	优、缺点
事实法	向受训者提供东道国概况知识，以提高他们的跨文化认知水平	讲座、区域学习	强调认知目标，主要包括具体文化讲授和文化传统教育	优点：材料容易准备，针对性强，直接介绍东道国的文化；成本低 缺点：缺少真实的海外生活体验；不便于受训者自我检查跨文化交际行为

（续　表）

分类	培训目的	培训方式	描述	优、缺点
分析法	专家与受训者通过分析影像资料或书面材料，一起对文化差异引发的冲突进行分析，以提高受训者认知文化差异和接受异文化行为的能力	文化同化法、安全研究、文化比较培训	强调认知领域，主要由一系列描述跨文化交际冲突的关键事件和案例组成	优点：方便，受训者可以自学；成本低 缺点：受训者学到的知识难以在现实生活中运用；受训者的跨文化交际行为难以得到改善
		敏感性培训	强调情感目标，通过学习和交流来提高对文化差异的敏感性，包括 T 小组（不同文化背景的受训者组成的小组）培训和角色扮演	优点：在加强受训者对不同文化环境的适应性和文化意识方面效果较好 缺点：缺少概念性结构框架；难以培养受训者的行为能力和洞察力；没有强调学习方法
体验法	通过培训者与受训者的互动或受训者的亲身实地体验，培训受训者的跨文化认知技能和行为方式	体验式培训、实地观摩、文化模拟、角色扮演、实地体验、互动式学习	强调情感目标，通过模拟或实地体验掌握具体的文化细节	优点：以受训者为中心；以解决具体问题为中心；培训初期很有效 缺点：难以提高受训者适应真实环境的能力；侧重于环境，忽略了政治、人际关系等其他因素
		行为修正	受训者进行观察和实践，并不断练习，以掌握某种示范行为	优点：针对习惯性行为的培训很有效 缺点：成本较高；要求受训者不断学习

　　上述三种方法在使用时可以结合使用，以便企业人员尤其是外派人员更好地了解和学习东道国文化，提高跨文化管理能力。

（二）跨文化背景下的人才本土化

　　在当今经济全球化的背景下，人才本土化已经成为一种普遍趋势，它既有助于解决文化冲突，还能促进不同文化的融合。在这一过程中，企业应采取本土化战略，优先考虑雇佣本土员工，并努力培养他们对公司的忠诚度，更为关键的是要聘用那些具有企业所需能力的本土经理人员，因为管理层的本土化是有效跨国文化管理的基础。另外，子公司应在某种程度上淡化其母国的民族特征，而更加全面地采纳东道国的运营模式，这种策略对帮助子公司更好地融入当地市场和文化环境是非常有效的。在人力资源管理方面，采用本土管理人员已成为跨文化管理的一个显著特征，企业需要高度重视本土管理人才的选拔。在选拔时，优先考虑有其他文化背景的员工，或者将员工送到不同文化环境中进行培训和学习。

通过采纳本地化战略，企业能够更好地理解并适应当地市场的特殊需求和文化特征，从而实现更加有效的市场渗透。本土化还能帮助企业建立更为牢固的社区联系和公共关系，这对企业品牌形象的提升和市场竞争力的增强都是非常有益的。

（三）推进跨文化沟通

跨文化沟通是指来自不同文化背景的人们之间进行的交流。为了提升跨文化沟通的有效性，必须考虑五个关键的影响因素：语言环境、生活环境、精神环境、人际环境以及法律环境，这些因素在跨文化交流中扮演着重要角色，发挥着重要作用。除了这些影响因素，跨文化沟通还应遵循六大原则：因地制宜、平等互惠、相互尊重、相互信任、相互了解和共同发展，这些原则指导着跨文化沟通的方式和方法，能够帮助人们更好地理解和适应不同的文化背景，从而使沟通更加顺畅和高效。

在跨国经营的背景下，企业需要参与并融入不同的文化，这意味着企业需要通过有效的跨文化沟通和深入的文化理解来达成和谐的经营管理模式，特别是在与东道国的互动中，了解和适应当地的文化特色，能够更好地融入当地市场和社会环境。

（四）创建学习型组织

学习型组织强调来自不同文化背景的人员、团队甚至整个组织间的积极互动。这种互动能够促使员工持续发展其思维能力和沟通技能，还可以鼓励他们拥抱全球化背景下的人文素养。学习型组织也鼓励成员进行系统性思考和自我超越，共享和利用不同文化中的资源和智慧。

在学习型组织中，共同愿景的确立发挥着至关重要的作用，它有助于加强员工对组织的认同感，并激励他们为实现企业目标而共同努力。而且，学习型组织强调持续学习，包括终身学习、全员参与学习、全程参与学习以及团队学习等多种形式。通过全面且深入的学习，公司能够有效提升其对不同文化的适应性和变革能力，进而构建一个全球性的多元化企业文化。这种合金式的企业文化有助于公司在全球化的竞争环境中保持稳定和持续的发展势头。

第四章　企业战略管理分析

第一节　企业战略管理概述

一、战略与企业战略

（一）战略概念源于军事

"战略"一词源远流长，最初与军事行动紧密相关，用来概括战争实践和军事活动的理论，以及指导战争的策略和克敌制胜的方法。在西方，这一术语来自希腊语"strategos"或其变体"stragia"，前者可译为"将军"，后者则译为"战役""谋略"，均涉及指挥军队的科学与艺术。

我国对战略一词的理解和应用同样源远流长。春秋时期，孙武撰写的《孙子兵法》虽然未直接使用"战略"一词，但其内容蕴含了深刻的战略思想，对后世产生了广泛影响。三国时期，《隆中对》中诸葛亮向刘备提出的建议，代表了我国历史上对军事战略的系统性分析。西晋时期司马彪的《战略》是我国历史上第一部明确提出"战略"概念，并以"战略"命名的专著，之后出现越来越多以"战略"命名的专著，如明代军事家茅元仪编著的《二十一史战略考》等。

随着人类社会的不断进步，战略的应用已远远超出军事领域，渗透到更广泛的社会活动中。在政治领域，政党和政府常制定战略规划，如力量部署和策略措施，旨在实现总体目标。在经济领域，战略被用于指导国民经济或重要产业的发展。这种跨领域的战略应用显示了战略在现代社会中的广泛影响和重要性。

（二）战略概念引入企业经营管理领域

在经济学领域，战略的应用历史相对较短。美国管理学家切斯特·巴纳德（Chester Barnard）是较早将战略思维引入企业经营管理的先驱之一。在他的著作《经理人员的职能》中，他将企业描述为一个由物质、个人和社会构成的复合系统，并首次运用战略思维分析企业的各种因素及其相互影响。1965 年，战略在国际企业经营管理领域开始广泛应用，这一应用标志性的代表作是伊戈尔·安索夫（H.IgorAnsof）的《战略管理》，在此之前，人们普遍认为企业战略是基于偶然情况决定的，或者是最高决策者的信念和直觉的产物。在传统的管理理论中，与战略相关的内容通常被称为"企业家活动""企业政策""长期计划"。1979 年，安索夫推出了《战略管理》，该书从现代组织理论的角度出发，探讨了环境、战略和组织之间的相互关系，进一步完善了企业战略模式的理论。

进入 20 世纪 80 年代，战略管理理论得到显著发展，以产业结构分析为基础的竞争战略理论开始占据主导地位。近年来，企业越来越注重对自身独特资源和知识的积累，以形成独特的竞争优势，这促使了以资源和知识为基础的核心竞争力理论的形成，该理论强调企业应充分利用其独特资源，不断积累专业知识，以打造持久竞争力。这表明，企业战略的发展要与时俱进，不断适应不同历史时期的经济环境，不断满足变化的市场需求。

（三）企业战略的定义

关于战略的定义，主要有五种观点，即计划、计谋、模式、定位和观念。

1.战略是一种计划

大多数情况下，战略被理解为一系列精心设计的行动或一套准则，用以应对各种情形。这种对战略的理解有两个关键特征：其一，战略是在企业活动开始之前制定的，即战略先行于行动；其二，战略是人们有意识、有目的地开发和制定的。在企业管理领域，战略与其他类型的计划有所不同，主要关注企业的长期发展方向和范围，具体包括巩固现有地位、开发新产品、拓展新市场或实施多元化经营，以及涉及行业、产品或地理范围等，试用期限通常超过一年。战略覆盖企业的整体运营，是一种统一的、综合的、整体化的计划，旨在实现企业的基本目标。例如，松下集团的创始人曾制定了一个长达250年的战略规划，按照每代人完成十年任务的方式逐步实施，体现了长远规划和持久努力的精神。

2.战略是一种计谋

在这个意义上，战略是指在竞争中战胜对手，使对手处于不利位置的一种策略，这种策略是有预谋和目的性的。例如，当企业得知竞争对手正在制订计划以提升市场份额时，该企业可能会通过增加投资研发新产品来增强自身的竞争力，从而在竞争中占据优势。战略作为一种计谋，有助于推动企业有效地对抗竞争对手。

3.战略是一种模式

这一定义超越了将战略仅视为计划的狭义理解，强调战略包含由计划引导的行动，即一系列行为的模式或与企业行为一致的模式。"一系列行动"指企业为实现基本目标而进行的竞争、资源分配和建立优势等活动，这些活动并非完全基于计划。从这个角度理解，战略被区分为经过深思熟虑的战略和应急战略，前者涉及预先设定的意图的实现，而后者与预先设定的意图无关。

4.战略是一种定位

将战略视为一种定位，意味着企业在经营管理过程中，关注自身在其所处环境中的具体位置，具体来讲，关注与市场环境、竞争对手以及客户需求之间的关系，并据此决定企业的行动方向和资源配置。因此，企业应先确定自身在市场中的位置，包括生产或销售哪种类型的产品或服务，以及如何满足特定客户群体的需求。企业需要评估其产品或服务在市场上的独特性，定位自己在市场中的角色：领先者、追随者、创新者或其他。通过明确定位，企业能够更好地理解自身在市场上的角色和价值，以及如何最有效地服务于目标客户。战略定位也涉及企业如何分配内部资源以维持并增强自身的竞争优势，如需要确定哪些资源（如人力、财务、技术等）对保持市场地位至关重要，并据此做出投资决策。有效的资源配置能够提高企业的运营效率，从而帮助企业在竞争激烈的市场环境中获得优势。

战略定位是关于如何精确地定位企业在市场中的位置，并基于这一位置有效地配置资源，从而在市场中形成可持续的竞争优势。这要求企业不仅对外部市场环境有深入的理解，还要对内部资源的潜力和局限有清晰的认识。通过综合的、动态的定位过程，企业能够在不断变化的市场环境中实现长期、稳定的发展。

5.战略是一种观念

从这个角度看，战略既包含既定的定位，还涉及感知世界的一种深层次的认知方式。该观点认为，战略观念通过个人的期望和行为形成共享，最终转化为企业共同的期望和行为。在这个意义上，战略成为企业文化的一部分，影响着组织成员的思考方式和行动模式。

那么企业战略应如何定义呢？根据理论界和企业界多数人的看法，企业战略可定义为：企业在面临动态变化和严峻挑战的情况下，为了保证自身生存和发展所采取的长期和全面的计划或策略。这反映了企业经营的核心思想是一系列战略性决策的集合，同时为制订中长期计划提供了基础。

具体而言，首先，企业战略是企业在市场经济条件下，面对激烈竞争和挑战时制定的一系列对策。其次，企业战略是企业为了实现长期生存和发展制定的规划，企业战略的质量直接关系到企业的成功与否，决定企业是否能够持续增长和繁荣。再次，企业战略是一系列战略性决策的结果，企业在制定战略时需要立足实际情况，准确总结历史经验，并深入分析内外部环境。最后，尽管企业战略与经营思想、决策和计划等概念密切相关，但它们是不同的概念，应当予以区分，企业战略涉及企业的整体方向和长远规划，而不局限于日常的经营活动或短期决策。

二、企业战略的特点

企业战略的特点可以归纳为以下八点，如图 4-1 所示。

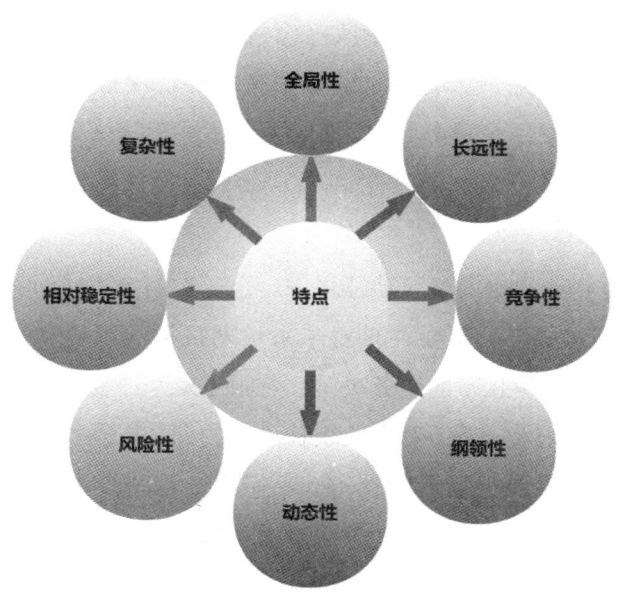

图 4-1　企业战略的特点

（一）全局性

全局性涵盖企业经营和管理的所有方面，包括企业的目标、方向、资源配置和市场定位，这种全局性意味着企业战略不仅关注特定的业务单元或市场领域，而且关注企业整体的长期发展和繁荣。企业战略的制定需要综合考虑各种内外部因素，如市场趋势、竞争环境、企业文化、资源能力和风险管理等，通过对这些因素的全面分析，企业能够制定出既符合当前市场环境，又能引导企业走向长远发展的战略。

企业战略的全局性体现在其对企业所有利益相关方的影响上，包括公司内部的股东、管理层和员工，以及外部的客户、供应商、合作伙伴和社会环境。企业战略的制定和执行，必须兼顾这些不同利益相关方的需求和期望，以确保企业在多元化的利益诉求中取得平衡，并在此基础上推动企业整体的健康发展。例如，企业在制定环境可持续性战略时，除需要考虑商业利益最大化外，还需要考虑环境保护和社会责任，以构建正面的社会形象，并获得更广泛的社会支持和市场认可。

（二）长远性

长远性是企业战略的显著特征之一。企业在制定战略时，既要关注眼前的短期目标和成果，更要注重对未来长期目标的规划和实现。长远性战略使企业能够超越日常的业务决策，着眼于未来的发展方向和愿景，涉及对市场趋势的深入分析、对企业增长潜力的评估以及长期竞争优势的建立。例如，企业可能会投资新技术、新研究，这些投资虽在短期内不一定带来直接收益，但长期来看，是实现效益增长和市场领导地位的关键。

长远性还要求企业能够预见并适应环境变化，为未来可能出现的挑战做好准备，包括了解行业动态、监测技术进步以及关注全球经济和政治趋势等。通过这些准备，企业能够在变化莫测的市场环境中保持灵活性和适应性，确保长期的稳定发展和成功。

（三）竞争性

竞争性体现在企业战略的多个方面，包括市场定位、产品开发、品牌建设、资源配置以及客户关系管理等。竞争性要求企业要对当前的市场环境和竞争对手有深入的理解，还要预测未来的市场趋势和潜在竞争，以制定有效的应对策略。例如，企业可能需要在新产品研发、市场营销策略或技术创新等方面投入资源，以便在市场中获得先发优势或差异化竞争优势。企业战略的竞争性也涉及对内部能力的持续提升，以确保在竞争环境中的持久生命力。通过内部管理和优化，企业能够增强竞争力，从而为在外部市场中的竞争提供坚实基础。

（四）纲领性

纲领性表明企业战略既是具体行动计划的总和，也是一个整体性方案，它定义了企业的基本目标、长远愿景以及核心价值观。纲领性确保了企业在追求长期目标的过程中，各种决策和行动的一致性和协调性。例如，如果创新、可持续发展或市场领导是企业战略的重点，那这些就成为企业在做市场定位、资源配置、产品开发等方面决策的基础。

纲领性也有助于提升企业内部管理的效率，确保各部门和团队的工作能够紧密结合，共同推进企业目标的实现。例如，如果客户满意度和服务质量被放在企业战略的首位，这将驱动企业从产品设计到客户服务的各个环节都围绕这一核心价值展开。

（五）动态性

企业战略的动态性强调企业在制定和执行战略时，需要持续监测外部市场趋势、竞争对手行为、技术进步以及社会经济环境的变化。动态性允许企业及时调整目标、策略和行动计划，以应对潜在的挑战和抓住新的机遇。例如，科技行业的快速变化要求相关企业不断更新其产品和服务，以保持竞争力；在经济全球化背景下，政策变化、市场需求的转变也要求企业灵活调整其市场进入策略和供应链管理。

（六）风险性

企业战略的风险性体现在每一项战略决策都伴随着一定的不确定性和风险上。在制定和执行战略时，企业需要面对市场的不可预测性、竞争对手的不确定，以及技术、政策和经济环境的变化等多种风险因素。这些风险因素可能来源于外部环境，如经济波动、政治变革、社会动态、自然灾害等，也可能源于企业内部，如运营失误、管理缺陷或技术失败等。企业战略的风险性要求企业在决策过程中进行细致的风险评估和管理，以减少潜在的负面影响。例如，企业可能需要在进入新市场或推出新产品时，评估可能的市场反应、竞争态势、成本和收益等因素，同时制定应对策略，以降低失败的风险。

（七）相对稳定性

企业战略一旦确定，通常需要在较长时间内保持相对稳定，这是为了确保企业各层级和部门能够有效地执行和贯彻这些战略。稳定性来源于战略的全局性和长远性。无论采取何种战略，其有效期通常持续到战略目标的最终实现，这是战略具有稳定性的主要原因。然而，需要明确的是，稳定性是一个相对概念，任何战略都是大致的规划，具有一定的灵活性和弹性，在出现明显误差或基础条件发生重大变化时，必须对战略进行相应的调整和修正。尽管如此，频繁变更战略应尽量避免，以提高战略的科学性和适应性。频繁的战略变更可能导致战略失去其实际价值，并可能带来不必要的损失。

（八）复杂性

企业战略的制定是一个高度复杂的过程，是对企业高层领导的价值观和智慧的反映。战略的制定通常是集体决策的结果，涉及非程序性的决策过程，依赖战略咨询专家和企业高层领导团队在政治敏锐性、远见卓识、把握机遇和战略技巧方面的有机结合。战略的实施既会影响企业的产品结构、组织架构和人事安排，还涉及员工的切身利益、权利和地位等多个方面。实际上，战略的执行往往是企业内部高层领导政治权力平衡的结果，如果企业的高层领导缺乏坚定的执行决心，即使战略制定得再好，也可能无法有效实施。在实践中，有些企业的战略在执行一两年后就被迫停止，主要是因为内部阻力太大，难以持续推进。所以，只有当企业的高层领导具备坚定的决心，并能够排除所有干扰制定实际可行的措施时，企业战略才有可能得到有效贯彻。

三、企业战略管理的概念

企业战略管理涉及企业面临的关键决策，这些决策影响着企业的长期发展、整体方向和核心目标。基于对企业外部环境和内部条件的深入分析，企业战略管理旨在为企业设定长期目标和任务，涵盖从战略的分析与制定到战略的评估与选择再到战略的执行与监控的全过程，除包含确定企业的主要行动路径和方法外，还包含对这些战略行动的持续评估和必要调整，目的是确保企业目标的有效实现。

四、企业战略管理的过程

企业战略管理是一个动态过程，涉及对企业未来发展方向的决策制定及实施。这个过程通常分为三个主要阶段：战略分析、战略决策、战略实施和监控。

（一）战略分析阶段

战略分析阶段的核心任务是深入分析和评估企业所处的战略环境，并预测这些环境的未来发展趋势及其可能对企业产生的影响。这一阶段包括两个主要方面：对企业外部环境的分析和对企业条件的分析。对外部环境的分析着重于了解企业所处的宏观环境和行业环境的变化，以及这些变化可能给企业带来的利弊影响，因为它们将在一定程度上限制企业战略的制定。对内部条件的分析主要是对企业资源和能力的审视，包括企业在行业中的地位、与竞争对手的优劣比较等。这些内部条件为企业制定特定战略提供了基础。

战略分析阶段的成功执行，能为企业提供必要的信息，帮助企业在接下来的战略决策阶段，以及战略实施和监控阶段做出更为明智和有效的决策。通过这一系统化和阶段性的过程，企业能够更好地理解自身的优势和局限，认识到外部环境的机遇和挑战，从而在不断变化的商业世界中制定出适应性强、有竞争力的战略。

（二）战略决策阶段

战略决策阶段本质上是企业战略管理的核心环节，涉及对潜在战略的探索、制定和选择。经过对企业所处外部环境和内部条件的深入分析，管理团队能对企业的状况有清晰的认识，这为制定企业的生存和发展战略奠定了基础。对于跨行业经营的企业，战略选择需要解决两个关键问题：第一，企业需要确定其经营范围或战略经营领域，这涉及选择适合的行业、明确企业的业务性质和服务对象，以及确定满足顾客需求的产品或服务类型；第二，企业需要明确在特定领域中的竞争优势，即在哪些方面企业的产品或服务能够超越竞争对手。

在战略决策阶段，企业可能会制定多个战略方案，并通过细致的评估和比较选择最合适的一个。这个过程本质上是一种对各种可能方案进行权衡和比较的决策活动，旨在确定最符合企业当前状况和长期目标的战略。通过这种方式，企业能够确保所选择的战略方案既能够保证企业在竞争激烈的市场环境中保持竞争优势，又有助于实现企业的长期发展。

（三）战略实施和监控阶段

战略实施通常涉及以下三个关键方面：第一，企业需要规划并配置其资源和运营方式，包括资源的重新分配、新技术的引进或业务流程的优化，确保这些资源和方式与战略方案保持一致。第二，企业需要对组织结构进行调整，以适应新的战略。这意味着企业可能需要建立新的部门、调整管理层结构或改变工作流程，以确保组织结构能够有效支持战略目标的实现。组织结构的改革旨在创造一个有利于战略实施的环境，促进企业目标的顺利达成。第三，企业必须确保其领导团队的素质和技能与所采用的战略相匹配，这可能涉及挑选适合的高层管理人员来执行战略方案，或对现有管理团队进行培训和发展，以提升他们的领导能力和战略思维。

在战略实施过程中，还必须对战略执行进行持续的监控，将战略实施的实际成果与预先设定的目标进行对比，及时发现并纠正偏差，如果偏差源于原始分析的错误或外部环境的意外变化，就需要重新审视环境，甚至可能需要制订新的战略方案，进而启动新一轮的战略管理过程。

五、企业战略管理的层次

对企业来说，其战略通常可以划分为 3 个层次：公司战略、经营（事业部）战略和职能战略。

（一）公司战略

公司战略，代表着企业最高层面上的战略规划，是企业最高管理层对企业全局的总体指导。公司战略的侧重点主要体现在两个方面。一方面，它涉及从企业整体角度出发，根据外部环境的变化和企业内部条件的分析，决定企业的经营范围和领域，这个过程包括明确企业的业务性质和在哪些业务领域中进行经营的决策。另一方面，公司战略还包括在确定了经营领域后，如何在各个事业部门之间合理分配资源，以确保企业整体战略目标的实现，这是公司战略实施的关键环节。公司战略具有远见性、全局性和创造性等特点，内容涵盖业务的选择、发展的优先顺序、利润分配等关键方面。

（二）经营（事业部）战略

经营（事业部）战略，位于企业战略结构的第二层次。这类战略是在企业总体战略指导下形成的，旨在服务企业总体目标，主要聚焦管理单一业务单位的战略规划。经营（事业部）战略关注的决策问题是在确定的业务范围或特定的市场产品区域内，如何在竞争的基础上增强超越竞争对手的优势。事业部门的管理者需要识别并巩固最具营利潜力和发展前景的市场，并发挥其竞争优势。这既涉及确定目标市场，还包括生产力的配置、销售区域和销售渠道的确定等重要决策。

（三）职能战略

职能战略位于企业战略结构的基础层次，主要由各职能部门，如生产、市场营销、研究与开发、财务和人事等部门的管理人员制定。这类战略着眼于短期目标和规划，目的是支持企业总体战略和各事业部门战略目标的实现。职能战略种类繁多，包括但不限于生产战略、市场战略、研发战略、财务战略和人事战略等。与公司战略和经营（事业部）战略着重于"做正确的事情"不同，职能战略更加强调"把事情做好"，这意味着职能战略关注的是如何提升生产和市场营销系统的效率、改善顾客服务质量、提高特定产品或服务的市场占有率等实际操作层面的问题。

在企业战略结构中，公司战略、经营（事业部）战略和职能战略相互作用并紧密相连。公司战略作为最高层次的战略，指导整个企业的发展方向，而经营（事业部）战略则专注于特定业务单位的战略目标和计划，职能战略则是针对具体部门和功能实施的行动计划。为了企业的成功，三者需要有机地结合在一起，每一层次的战略既构成下一层次战略的环境，也为上一层次的战略目标提供支持和保障，如图4-2所示。

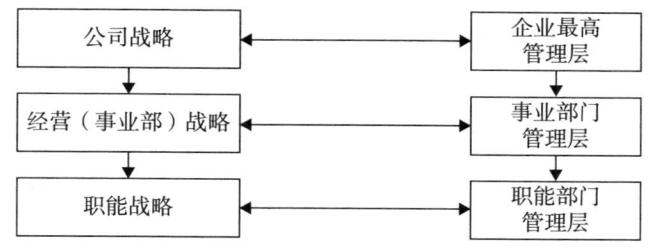

图4-2　企业战略结构层次

对于只从事一项业务的企业来说，其公司战略与经营（事业部）战略一样，这两种战略的决策都集中在最高层管理者手中，这种类型的企业战略结构可以看作小型企业的组织形式，如图4-3所示。

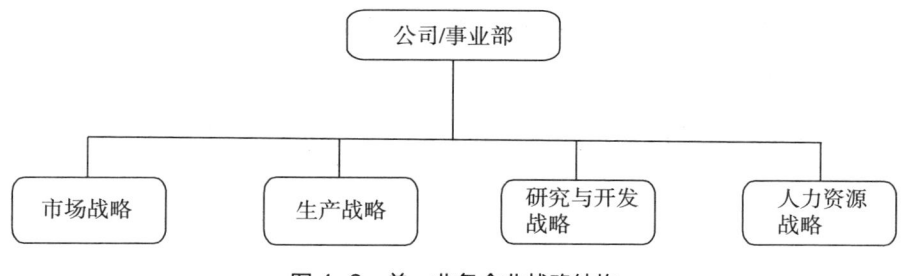

图4-3　单一业务企业战略结构

在跨行业经营的企业中，公司战略处于最顶层，为经营（事业部）战略和职能战略的发展提供方向，确保企业各个层面的战略协调一致，共同推动企业向着既定的目标前进。这样的战略结构确保了企业在不同层面上能够有效地实施战略计划，实现长期的发展目标，其结构如图4-4所示。

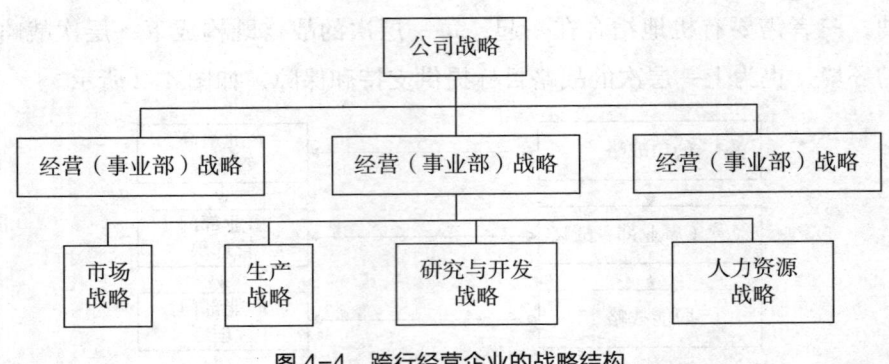

图 4-4 跨行经营企业的战略结构

第二节 企业战略环境分析

一、企业外部环境因素分析

企业不是孤立存在的，它们总是与周边环境建立联系。其中，外部宏观环境尤其关键，它涵盖影响整个行业和企业的各种宏观力量，通常包括政治、经济、社会文化、科学技术等多方面因素。

（一）政治因素

政治因素分为国际和国内两个层面。政治局势涉及一国政局的稳定程度、与邻国的关系、边界安定性、社会安定性等。政权的频繁更替、政府人事变动、暴力冲突以及经济危机等，都会引起国家对内和对外政策的调整和变化，这将对市场经济产生深远影响。

政党、政治制度、政治团体及政策等也属于政治因素，它们对企业的生产经营活动起到调控作用。这些因素规定了企业能做什么和不能做什么，也能够保护企业的合法权益和合理竞争，促进企业间的公平竞争。由于政治因素具有不可控性和强制性，企业需要积极适应政治环境的变化，并按照国家的政治路线发展。

（二）经济因素

经济因素包括影响企业生存和发展的社会经济状况和国家经济政策。与其他宏观环境相比，经济环境对企业经营活动的影响更为直接。社会经济状况涵盖经济要素的性质、水平、结构、变动趋势等多方面内容，并涉及国家、社会、市场及自然等多个领域。国家经济政策是国家履行经济管理职能、调控宏观经济水平和结构、实施国家经济发展战略的指导方针，对企业的经济环境产生深远影响。企业的经济环境主要由社会经济结构、经济发展水平、经济体制和宏观经济政策四个要素构成。

1. 社会经济结构

社会经济结构，作为国民经济的重要组成部分，涵盖不同的经济成分、各个产业部门以及社会生产单位。这些元素的相互适应性、数量比例以及排列关系构成了国民经济的核心。社会经济结构主要分为五个方面：产业结构、分配结构、交换结构、消费结构和技术结构。其中，产业结构被视为最关键的部分。

2. 经济发展水平

经济发展水平是衡量一个国家经济发展规模、速度和水平的重要指标。这些指标通常包括国民生产总值、国民收入、人均国民收入、经济发展速度和经济增长速度等。

3. 经济体制

经济体制指的是国家经济组织的形式，它规定了国家与企业、企业之间以及企业与各经济部门之间的关系。经济体制通过特定的管理手段和方法，调控或影响社会经济流动的范围、内容和方式。

4. 宏观经济政策

宏观经济政策是国家为实现一定时期内的国家经济发展目标所制定的战略和政策，包括综合性的全国经济发展战略、产业政策、国民收入分配政策、价格政策、物资流通政策、金融货币政策、劳动工资政策和对外贸易政策等。

（三）社会文化因素

社会文化环境是指企业所在社会的结构、风俗习惯、信仰、价值观、行为规范、生活方式、文化传统以及人口规模和地理分布等方面的形成和演变。这一环境对企业产生影响的路径主要有两个方面：一方面，人口的数量、分布以及居民的价值观和工作态度会影响他们对企业的看法和态度。另一方面，社会文化环境会影响企业员工的价值观，进而影响企业的发展。社会文化环境的形成是一个长期积累的过程，因此，企业对社会环境的影响也往往是微妙且不易察觉的。

（四）科学技术因素

科学技术因素涉及企业所在环境中的科技要素及相关社会现象，包括国家的科技体制、科技政策、科技水平和科技发展趋势等。随着科技的快速发展，以及新技术、新能源、新材料和新工艺的出现和应用，企业需要在战略管理上做出相应的调整，以获取新的竞争优势。科学技术的发展和应用对企业的生产和销售活动产生显著影响，并且科学技术的进步也是推动人类社会发展的关键因素。一个国家或地区的科学技术水平，同样是衡量其综合实力的重要标志。因此，科学技术创新能够为企业带来更大的竞争优势。

二、企业所在行业的竞争情况

对于大多数行业来说，普遍存在五种竞争力，即行业内现有竞争者之间的竞争、潜在进入者的威胁、购买者的议价能力、替代品的威胁、供应商的讨价还价能力。这五种竞争力是相互作用、相互影响的，如图4-5所示。

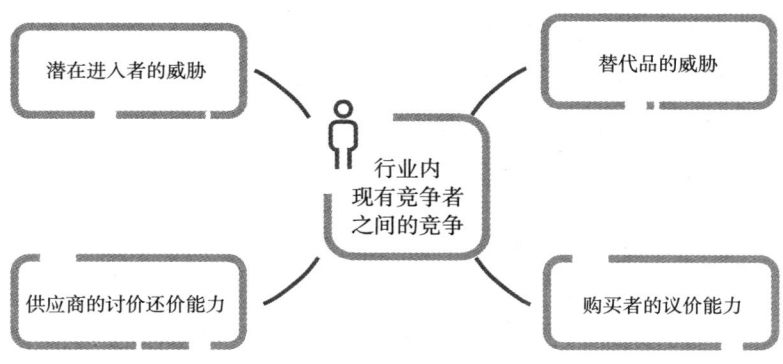

图 4-5   行业五种竞争力

（一）行业内现有竞争者之间的竞争

在任何产业中，企业之间为了争夺市场份额而展开竞争是不可避免的。这种竞争通常由多种因素驱动，可以从以下几个方面加以理解。

1.行业内企业的数量

当一个行业内的企业数量增加时，为了获得更多利润，企业往往会采取各种战略，甚至打破行业的传统边界。在这种情况下，竞争变得尤为激烈。例如，在 20 世纪 80 年代初的洗衣机行业和 20 世纪 90 年代末的影音光碟（video compact disc，VCD）行业，众多企业的存在使得竞争达到了高峰。相反，如果行业中的企业数量较少，竞争就不会那么明显。

2.行业发展速度

在行业快速发展期间，企业享有较大的发展空间，此时企业更关注自身发展，而不太可能投入大量资源与同行竞争。但是，当行业发展放缓，生产能力过剩时，企业为了快速回笼资金和寻找新的发展方向，可能采用降价策略来提高销量，争夺市场份额。在这种情况下，行业内的竞争就会变得尤为激烈，企业数量减少而竞争个体实力增强。

3.行业内企业产品差异化程度

在同一个行业内，如果各企业的产品或服务相似，那么实施差异化战略就显得尤为重要，这既依赖产品或服务实际存在的差异，还取决于顾客是否能识别这些差异。通过扩大差异，企业可以吸引消费者的注意，进而激发消费者的购买欲望。

4. 退出壁垒

退出壁垒指的是企业退出某一行业时面临的障碍或压力。退出壁垒的高低直接影响着企业的留存决策，当退出壁垒较高时，即使经营不佳，企业也可能选择留在行业内，不惜牺牲利润来采取各种竞争手段，这无疑会加剧竞争的激烈程度。相反，如果退出较为容易，且企业利润较低、承担的风险也小，那么一些企业可能会选择迅速退出市场，如餐饮业等服务行业。

（二）潜在进入者的威胁

潜在进入者是指那些尚未涉足特定行业但具备进入该行业能力的企业，它们构成了现有企业的潜在竞争对手。这些潜在进入者对产业内现有企业的利润产生影响的方式主要有两种：第一，通过分割原有市场份额，获得部分业务，从而削弱现有企业的市场地位；第二，降低市场的集中度，引发现有企业间更加激烈的竞争，导致整个行业的平均利润水平下降。所以，对于行业内现有企业而言，他们通常不愿意新的竞争者加入，以维护自己的既得利益和相对优势地位。但对于行业外的企业来说，如果某个行业的产品特别受消费者欢迎且能带来高利润，它们很可能成为新的进入者，给行业内现有企业带来挑战。

（三）购买者的议价能力

购买者能通过要求降低价格或提高服务质量来迫使行业中的企业相互竞争。购买者对企业的影响力主要取决于以下几个因素。

第一，购买者的集中程度。当供应商行业由众多小企业构成，而购买者仅有少数大企业时，购买者就处于优势地位。

第二，购买者购买的产品数量。购买数量较大的购买者可以利用这一优势要求企业降价。

第三，产品质量。当购买者对购买的产品质量有较高要求时，通常对价格不太敏感。

第四，购买者向上游一体化的可能性。向上游一体化就是购买者也开始从事原材料的制造和销售，可以理解为他们也进入了供应商的领域。

（四）替代品的威胁

替代品是指那些能够提供与某一行业产品相同功能的其他产品。这些替代品的存在对原有行业产品的价格产生显著影响，在一定程度上限制了原行业的利润水平。替代品的价格对原有行业产品的价格构成巨大的压力，使得原行业不得不考虑这一因素来定价。在讨论替代品时，可以从两个方面来理解：一方面是直接替代品，即一种产品可以直接替代另一种产品；另一方面是间接替代品，即功能相似的不同产品间接地取代原有产品，这种替代并不总是意味着新产品会完全取代旧产品。由于新旧产品处于不同的产品生命周期，它们长期共存的情况也十分普遍。

通常情况下，替代品会为行业内的产品设定一个价格上限，一旦现有产品的价格上涨，消费者可能会转向消费替代品，这种转移会迫使原有行业产品调整价格，以保持市场竞争力。因此，替代品的存在是行业内企业在定价和制定市场策略时必须考虑的关键因素。

（五）供应商的讨价还价能力

供应商作为向企业及其竞争者提供必需资源的企业或个人，同样在竞争中扮演着重要角色。供应商的影响力主要体现在提高原材料价格或减少供应量上，这直接关系到行业内企业的盈利能力和产品的市场竞争力。影响供应商讨价还价能力的因素主要包括以下几点。

第一，供应商市场的集中程度。当市场中只有少数几家供应商时，它们通常会在价格和质量上对买家施加较大压力。例如，石油输出国组织对全球石油价格和产量的控制，对各国的石油供应产生了显著影响。

第二，供应商提供的产品的可替代性也是一个重要因素。如果供应商的产品难以被替代，那么供应商的市场竞争力就会更强，反之则更弱。例如，中国的通信行业，电信、移动和联通三大运营商在市场上具有绝对优势，因此具有较高的市场竞争力，并影响着整个通信行业产品的价格。

第三，行业对供应商的重要性也不容忽视。如果某个行业对供应商至关重要，那么供应商对该行业的影响力就会相对较小。在这种情况下，来自供应商的压力会大幅度减少。

三、企业内部条件分析

企业内部条件是企业在特定的生产技术和组织条件下，开展生产和经营活动时所具备的内在条件，主要涵盖资源、企业能力和企业核心竞争力三个方面。

（一）资源

资源主要指企业为提供有价值的产品和服务所需的生产要素，既包括有形资源，也包括无形资源。有形资源主要是指那些可见的实体资产，如企业的固定资产、金融资产等，固定资产包括企业的厂房、土地、机器设备等，而金融资产则主要是企业的筹资和借款等。无形资源则指那些难以直接看见或量化的资产，如专利、商标、版权等，企业文化以及产品或服务的品牌价值等。无形资源虽然不易被察觉，但其创造的价值十分重要，在许多情况下，无形资源比有形资源更具潜力，对企业的成功起到决定性作用。

另外，人力资源的重要性也不容忽视。人力资源指组织成员为组织提供的技能、知识、推理和决策能力，它们是推动企业发展的关键因素。人力资源的重要性体现在企业人力资源的结构、配置状况、企业战略管理者的层次以及企业的薪酬制度等多个方面。

（二）企业能力

企业能力是企业在其发展历程中，依靠规模经济和范围经济积累的生产能力、营销能力和管理技能的总和，包括企业的物质设施和人员能力。企业能力主要体现在研发、生产管理、营销、财务和组织管理等多个方面。

企业能力的形成基于资源的高效整合，是企业核心竞争力的根源。通过对有形资源和无形资源的持续融合和优化，企业能够在特定的职能领域中培养和发展自己的能力。

（三）企业核心竞争力

企业核心竞争力，即企业的关键能力或核心技能，是企业累积的知识和技能，尤其是关于如何协调不同的生产技能和综合多种技术流的知识和技能。这种竞争力可能以某种先进技术的形式呈现，如英特尔的计算机微处理技术、佳能的影像技术，或者美孚的全球销售服务机构。核心竞争力主要表现在三个方面：开拓市场和事业的能力、为消费者提供显著贡献的能力以及防止竞争者模仿的能力。

在增强核心竞争力方面，持续的努力和发展是关键。鉴于核心竞争力可以帮助企业在市场竞争中获得超额收益，竞争对手之间会经常研究和模仿彼此的优势能力。核心竞争力的建立是一个长期的过程，需要不断发展和强化。如果失去了核心竞争力，企业可能遭受巨大损失，甚至破产。所以，对于企业而言，保持现有的核心竞争力和建立新的竞争力同等重要。

四、企业环境的分析技术

（一）波士顿矩阵分析法

波士顿矩阵（BCG Matrix）是一种企业产品结构分析方法，又称市场增长率－相对市场份额矩阵、波士顿咨询集团法、四象限分析法或产品系列结构管理法等。这种分析方法基于两个关键因素：市场引力和企业实力。市场引力涉及企业的销售量（额）增长率、竞争对手的实力以及利润的高低。其中，销售量（额）增长率作为衡量市场引力的主要指标，是决定企业产品结构是否合理的外部因素。企业实力涉及市场占有率，技术、设备、资金利用能力等。其中，市场占有率是决定企业产品结构的内在要素，能直接显示企业竞争实力。

以上两个关键因素的相互作用，会出现四种不同性质的产品类型，不同的产品类型有其特定的定义和相应的战略对策。

（1）明星产品，指那些市场占有率和业务增长率都高的产品，这类产品的利润增长速度快。对于这类产品，企业通常采取扩张型战略，如通过额外的投资进一步促进其增长。

（2）金牛产品，也称厚利产品，是能够为企业带来丰厚利润的产品。这类产品处于业务增长的低点，已进入成熟期，不适宜进行大规模的发展，因此适合采取稳定型战略。

（3）问题产品，有时被称为"顽童"，代表那些新兴的产品，但其未来前途尚不明确。对这类产品的发展策略需要谨慎考虑。

（4）瘦狗类产品，是那些市场占有率低、增长率低的产品。这类产品带来的利润较少，但资金占用率并不低。面对这类产品，企业可能采取紧缩型战略，如撤资、清算等处理方式。

波士顿矩阵的分析步骤如下。

第一步，将企业分为不同的经营单位，每个单位拥有不同的产品。

第二步，明确每个经营单位的业务增长情况。

第三步，确定经营规模和资金占用情况。

第四步，评估市场占有率。

第五步，确定每个经营单位在矩阵中的位置。

第六步，根据每个经营单位的位置制定相应的经营战略。

第七步，了解战略实施情况，对战略进行控制与评估。

尽管波士顿矩阵为企业提供了一个评估和管理其产品组合的框架，但它也有局限性。除了市场引力和企业实力，还有其他因素可能影响企业的市场经营状态和利润水平。因此，企业在使用波士顿矩阵时，还需要考虑其他可能影响决策的因素。

（二）SWOT 模型分析法

SWOT 模型分析法，也称态势分析法，是战略管理中常用的一种分析工具。它能够以较为客观和准确的方式分析和研究企业的实际情况。通过 SWOT 分析，企业可以对自身的内部优势和劣势以及外部的机会和威胁进行系统梳理和罗列，并按照特定的顺序以矩阵形式呈现，从而得出一系列相关结论，如表4-1 所示。

表4-1　SWOT模型

	优势	劣势
环境	资金丰富、进入市场早、完整的销售网、技术先进、市场份额大	产品成本高、投入大、产品品种单一
机会 其他行业进入难、存在国际市场	增长型战略	扭转型战略
	利用企业的内部优势和外部机会，保持现有的经营领域，加强技术研发，开拓市场	克服企业内部的劣势，抓住企业外部的机会，在稳定开展业务的同时，开展多元化经营

（续　表）

	多元化战略	防御型战略
威胁 行业内竞争激烈，供货商、购买者的议价能力强	利用优势避免威胁，保持现有的经营领域，不扩张；利用自身的融资能力，向其他领域拓展，实行多元化的经营战略	以克服弱点和避免威胁作为基本出发点，目的是使这些不利因素都趋于最小化

通过表4-1可以发现，在SWOT矩阵中，防御型战略可被视为一种较为悲观的战略，通常在最困难的情况下被迫采取。扭转型战略和多元化战略则被视为常规性的战略选择。而增长型战略则被视为理想状态下的战略，它代表着企业能够充分利用内部优势抓住外部机会。通过这种分析，企业能够更加清晰地认识到自身的竞争位置，并制订相应的战略计划。

第三节　企业的成长战略

一、密集型成长战略

（一）密集型成长战略的概念与特征

企业在某些特定情况下会倾向于采用密集型成长战略。这种战略适用于以下几种情境：当企业希望超越同类企业，特别是主要竞争对手，以获得相对的竞争优势时；当企业的目标是超过整体市场需求的增长速度，在市场需求增长放缓之前获得比其他同行更大的市场份额时；当企业决定不再受限于传统的经营领域，摆脱同行之间无休止的价格竞争时；当企业认为其成长应基于产品更新、市场拓展和技术创新来实现，以期获得非常规的发展时；当企业意图不再被动适应外部环境变化，而是通过创新主动引领外部环境变化，引导市场需求，达到引领时代潮流的地位时。

该战略又称集约化成长战略、专业化成长战略、产品市场战略、单一经营成长战略。这是一种被广泛采用的公司战略。

从战略角度来看，采用密集型成长战略的企业通常展现出以下几个基本特点。

（1）采用这种战略的企业通常能够实现比所处产品市场需求增长率更快的成长速度。企业成长速度的衡量标准通常是销售额增长率或市场占有率的增长率。

（2）采用这种战略的企业往往能够获得超过社会平均水平的利润率。这是因为销售额或市场占有率的增长带动了企业规模的扩大，从而企业能够享受规模经济带来的效益。这些效益最终反映在企业的营利水平上，表现为高于平均利润率的利润。

（3）采用这种战略的企业倾向于采用非价格竞争手段与竞争对手展开竞争。非价格竞争主要表现在产品差异化的创造上。这些企业在产品开发、市场开拓、技术创新以及管理模式的变革上取得竞争优势，重视企业价值的竞争。

（4）采用这种战略的企业并不只是简单地适应环境，而是倾向于通过创造新事物来影响或改变环境条件，从而使环境的发展变化趋于有利于自身。这种主动引导或创造适宜环境的特点是由企业的成长特性所决定的。

（二）密集型成长战略的实现路径

1.市场渗透

市场渗透旨在提高企业在现有市场上对现有产品的市场占有率。实现这一目标，企业需利用自身的经营优势或竞争对手的不足，扩大产品销量，提升销售收入。市场渗透主要通过三种方式实现。

一是企业努力促使现有顾客增加购买频次和数量。例如，牙膏制造商可以通过宣传餐后刷牙对口腔健康的重要性，提高顾客使用牙膏的频次，从而增加牙膏的销售量。

二是企业着力于吸引竞争对手的顾客。这可以通过提供优于竞争对手的服务、建立更佳的企业形象和产品信誉，以及不断提升产品质量等方式，吸引竞争对手的顾客转而购买本企业的产品。

三是企业致力于吸引新的顾客群体。市场上通常存在尚未使用过特定产品的潜在顾客，这些潜在顾客可能由于支付能力有限或其他原因未购买产品，企业可以通过支持分期付款、降低产品价格等措施，将这些潜在顾客转化为自己的客户。

这三种方式的共同目的是增加现有市场对企业现有产品的需求量。每一种方式都可以细化为一些具体的行动，但市场渗透战略也有缺点，表现为可能导致销售费用的快速增加，且对推动企业快速扩张的作用有限。

因此，在考虑采用市场渗透战略时，应满足以下几个条件：①企业的特定产品和服务在当前市场上还未达到饱和状态；②现有用户的产品使用率还有显著的提升空间；③整个产业的销售额在增长，而主要竞争对手的市场份额在下降；④销售额与营销费用之间存在高度相关性；⑤规模的扩大能够带来显著的竞争优势。只有满足这些条件，市场渗透战略才能发挥其最大效用。

2. 市场开发

市场开发涉及将现有产品推广至新的市场领域，这一战略的核心是开拓现有产品的新顾客群，以此来扩大产品的销售量。通过市场开发，企业能够获得新的、可靠的、经济的和高质量的销售渠道，这对企业的持续生存和发展具有极其重要的意义。市场开发的成功在很大程度上依赖企业分销系统的有效运用，以及企业在资源方面对建立和完善分销系统或提高分销系统效能的支持能力。

市场开发的主要方法有两种。

第一种方法是增加不同地区的市场数量。这可以通过将业务扩展至国内不同地区或国际市场来实现。在增加不同地区的市场数量时，企业需要考虑跨地区的市场管理方式，如是采取统一管理还是针对不同地区制定不同的政策。这种地区扩张策略随之带来了管理组织变革的需求。

第二种方法是进入其他细分市场。这可能涉及对产品进行轻微调整以满足其他细分市场的需求，如利用不同的分销渠道或采用不同的宣传媒介。例如，食品生产厂商可能对原有产品的生产和包装工艺进行调整，在保留原有食品店分销渠道的同时，增加为超市生产的业务。摩托车制造商可以对产品功能进行改进，从而将摩托车销售给牧民用作放牧工具。进入其他细分市场要求企业具备对产品进行适当技术或功能改造的能力。

市场开发战略的实施可以通过寻找新的经销商、设置区域经理、特许经营等方式来完成。该战略的优点包括能够提高市场份额、扩大企业的知名度。然而，它也存在一些缺点，如增加销售费用、提高渠道管理的难度、加大企业的销售风险。

3. 产品开发

产品开发涉及在现有市场中引入新产品或运用新技术增加产品种类。该战略旨在通过推出新产品来扩大市场占有率和增加销售额，其核心在于激发消费者对新产品的需求，引领消费趋势，并注重保护环境及实现可持续发展所需的资源。在执行这种战略时，企业应专注于满足现有顾客的需求，了解他们对现有绿色产品的看法和建议，并据此开发新的绿色产品。企业可能会通过增强产品性能，或开发不同质量和规格的绿色产品，以充分满足顾客的需求，并实现销售额的增长。

产品开发战略是企业对市场机遇与挑战以及内部资源的优势和劣势进行全面思考后的一种选择，这是一个深思熟虑的选择和决策过程。通过这种战略，企业能够避免临时性、随意性和盲目性地开发那些缺乏市场价值的产品，同时不忽视那些真正能够增强市场竞争力的产品机会。

产品开发作为一种企业战略，其实现路径主要包括以下三个方面。

（1）开发新的产品特征。包括增加现有产品的新功能或特性，改变产品的物理属性，如色彩、形状、气味或速度，或对产品的结构、部件及组合方式进行创新。例如，通过在茶叶中添加特定的中药成分，创造出保健茶或减肥茶等具有特殊功效的产品。

（2）形成产品和服务质量的差异化。这涉及对同类产品和服务进行质量等级的划分，从而形成不同质量和价格的组合。例如，企业可以在原有服务的基础上，推出豪华型和大众型服务，使产品形成高档和中档等不同等级。

（3）直接开发全新的产品。包括开发全新的类型、增加产品功能或创建具有互补功能的产品系列，将它们组合成一个完整的产品。要实现这一目标，企业需要具备强大的设计、开发和工艺能力，还需要有充足的财务支持能力和风险承受能力。为了确保新产品能顺利进入市场，企业现有的分销系统也需具备相应的扩展能力。

直接开发全新的产品的优点在于有助于提升产品的市场竞争力和企业的核心竞争力，同时存在缺点，包括需要投入大量的研发资金，增加了企业面临的风险。

尽管密集型成长战略能带给企业稳定的发展，但同时该战略会缩小企业的竞争范围，当行业趋势发生变动时，完全依赖此战略的企业可能会遭遇较大的冲击。而且由于客户需求、市场环境和技术的持续演变，单一化的经营模式可能会使企业面临巨大的环境压力。这些都是企业在采用密集型成长战略时需要特别关注和解决的问题。

二、多元化成长战略

（一）多元化成长战略的概念与类型

多元化成长战略，又称多样化或多角化战略，涉及在现有产品或业务的基础上引入新的产品或业务领域。企业采取这种战略旨在实现长期稳定的运营和追求最大的经济收益。根据不同的分类标准，多元化成长战略可细分为多种不同类型。

1.相关多元化战略和不相关多元化战略

根据经营业务领域之间的关联程度，多元化战略可以分为相关多元化战略和不相关多元化战略。

（1）相关多元化战略。相关多元化战略是企业在拓展新业务时，选择与原有业务在技术、工艺、销售渠道、市场管理技巧、产品等方面具有共通或相似特点的领域的战略。这种战略分为同心多元化和水平多元化两种形式。

同心多元化战略指的是企业在保持与现有产品、市场领域的一定关系的基础上，开发性质完全不同的产品或市场，以实现业务领域的多样化。这种战略的实施建立在企业现有技术、市场营销和资源的基础之上。例如，生产玻璃制品的企业向生产照相机镜头、玻璃器皿、眼镜等方面拓展，或铅笔厂向生产圆珠笔、钢笔方面拓展，以及冰箱企业开拓空调、冰柜等业务，都属于同心多元化战略的范畴。

水平多元化战略则侧重于围绕现有产品市场，向水平方向扩展业务领域。例如，在零售行业中，百货店、自助服务廉价商店、超市、便利店等的发展战略，都是水平多元化战略的例子。

相关多元化战略通常是企业利用现有的技术、设备、销售渠道和客户资源开发新的产品或服务。这种战略的优势在于能够分散单一经营的风险，发挥企业现有的专长，形成协同效应，且扩张难度较小。它的缺点在于资源和注意力的分散，可能会影响到企业的主导产品和服务的发展。

相关多元化战略的适用条件：①企业所参与的产业属于零增长或低增长行业；②增加新的相关产品能显著促进现有产品的销售；③企业能以具有竞争力的价格提供新的相关产品；④新产品的季节性销售波动能平衡现有产品生产周期的波动；⑤企业现有产品处于生命周期的衰退阶段；⑥企业拥有一支强大的管理团队。

（2）不相关多元化战略。不相关多元化战略是企业寻求与现有业务领域无直接关联的新产品和市场的战略。该战略涉及企业进入完全新的业务领域，这些新业务与原有的产品、市场没有相关性，需要开发全新的技术、经营方法和销售渠道。例如，一个主要生产烟草的企业同时涉足房地产、纺织、化工等领域，就是采用不相关多元化战略的例子。

不相关多元化战略可以通过分解大型公司进行跨行业经营，或者通过收购、控股、合并等方式实现跨行业扩张来实现。这种战略的优点在于它可以帮助企业通过涉足多个不同市场来分散经营风险，利用协同效应提升企业整体的盈利能力和灵活性，开辟新的投资渠道和盈利点，减轻主营业务下滑对企业的负面影响。缺点在于涉足新行业增加了企业的经营风险和管理难度。

不相关多元化战略的适用条件：①企业主营业务正经历着销售额和盈利能力的下降；②企业拥有足够的资金和管理人才在新产业中成功竞争；③企业有机会收购一个虽不相关但具有良好投资前景的企业；④收购与被收购企业之间存在资金融合的情况；⑤企业现有产品市场已趋于饱和；⑥以往专注于单一产业的企业不会因此遭受垄断指控。

2. 单一产品战略、优势产品战略、相关产品战略以及非相关产品战略

按照产品组合的特点，多元化战略可以分为单一产品战略、优势产品战略、相关产品战略以及非相关产品战略。

（1）单一产品战略。单一产品战略是指企业绝大部分销售收入（95%以上）来自单一产品。例如，如果丰田汽车公司95%以上的销售收入来自客车销售，那么它就采用了单一产品战略。

（2）优势产品战略。优势产品战略是当企业某一产品的销售收入占整体销售总收入的70%～95%时采用的战略。例如，如果常州柴油机厂的柴油机销售收入占其总销售收入的81%，那么该企业实行的就是优势产品战略。

（3）相关产品战略。相关产品战略适用于企业的某一产品的销售收

入低于总销售收入的 70%，但与之相关联的产品群销售收入占总销售收入的比例超过 70% 的情况。相关联的产品群可分为三类：技术相关联产品群（如照相机、目镜、经纬仪等），这些产品虽市场营销差异较大，但具有较强的技术关联性；市场相关联产品群（如农用机械、农药、化肥等），这些产品在技术上差异显著，但市场营销方面有较大关联性；市场技术相关联产品群，即同时具有技术和市场关联性的产品群。

（4）非相关产品战略。非相关产品战略指的是企业销售的市场相关产品和技术相关产品之和占总销售收入的比例低于 70%。例如，广州白云山制药公司除生产人用药品外，还生产兽药、护肤品、医疗器械，并涉足建筑装修、汽车修配、文化体育用品等多种业务，这类企业采取的便是非相关产品战略。

每种产品战略都有其独特的优势和适用场景，企业需要根据自身情况和市场环境选择最合适的产品战略，以实现最大的经济效益和市场竞争力。

（二）多元化成长战略的优势

1.多元化经营可以充分发挥企业内部优势

多元化成长战略允许企业通过扩展新的业务领域，最大限度地发挥其现有的资源和能力。例如，一家企业在特定领域积累的管理经验、品牌价值、市场网络和技术专长可以在新的业务领域中得到应用，从而降低进入新市场的门槛和风险。这种资源和能力的转移不仅有助于新业务的快速发展，而且有助于提升整个企业的综合竞争力。

在多元化经营的过程中，企业可以通过将现有的技术、人才、资本和其他资源重新配置到不同的业务单位，实现资源的优化利用。例如，企业在一项业务中开发的技术可能被用于其他业务领域，进而产生协同效应，提高整体运营效率。

2.多元化经营可以有效地规避企业经营风险

多元化成长策略使企业能够摆脱对单一产品或市场的依赖，通过将业务拓展至多个领域有效分散风险。该战略的核心在于，当一个特定行业或市场遭遇经济衰退、政策变化或技术创新等挑战时，企业仍能依靠其他业务单元维持稳定的收入和利润，这样，企业便不会过度依赖单一市场或产品，进而减少了市场波动对企业整体运营的影响。例如，如果企业原本主要依赖某一特定领域的产品或服务，而该领域突遭不利因素影响，导致市场需求下降，企业如果实施了多元化成长战略，就可以通过其他业务领域的稳定收入来弥补损失。这种战略的实施能有效降低企业面对市场不确定性时的经营风险，增强企业抵御市场波动的能力，为企业的长期稳定发展提供坚实的基础。

（三）多元化成长战略的实施要点

1.明确战略目标和方向

企业首先需要确定其希望通过多元化成长战略要达成的具体目标，这些目标可能包括市场份额的扩大、收入来源的多样化、风险的分散、新技术和市场的探索。明确目标有助于企业制定更具针对性的战略规划，并为之后的决策和资源配置提供指导。企业还需要确定其多元化的发展方向，即是要选择与现有业务相关的领域，还是与现有业务完全不相关的领域，这一选择将直接影响到企业的资源分配、技术开发、市场营销策略以及潜在的风险和回报。

在明确了战略目标和方向后，企业应进行彻底的市场和行业分析，评估不同多元化选项的可行性和潜在价值，包括对目标市场需求、竞争格局、技术变革趋势以及相关法律法规环境的深入了解。此外，企业还需要评估自身的核心竞争力，包括技术优势、品牌影响力、管理能力和财务状况，以确保所选择的多元化目标和方向能够充分利用现有优势。

最终，这些分析将为企业提供一个明确的路线图，指导其在多元化成长道路上的每一步。

2.妥善评估市场机会

企业需要深入分析不同市场的潜在机会，包括市场的规模、成长潜力、竞争格局以及客户需求的特点。通过对这些因素的综合考量，企业能够识别最有可能带来成功的多元化路径。企业还需要考虑行业趋势、技术发展以及宏观经济环境，因为这些因素都会对开拓新市场的可行性产生影响。市场机会评估不只是识别新的收入来源，更是关乎如何有效利用企业的现有资源和能力，以及如何应对新市场的挑战和风险。有效的市场机会评估能够为企业提供清晰的视角，确保多元化战略的选择与企业的长期发展目标和能力相匹配，为企业带来持续的成长和竞争优势。

3.管理和文化适应

企业在扩展新的业务领域时，面临着管理结构和企业文化的挑战。管理适应涉及如何有效整合和协调不同业务单位的运作，这既需要强化跨部门的沟通和协作，还要求管理层具备多元化业务的理解能力和灵活的决策机制。文化适应则是保持企业内部凝聚力和员工积极性的关键，不同业务领域可能有着不同的工作方式和价值观，企业应在尊重各自特点的基础上，推动形成统一、包容的企业文化，包括了解和融合新业务领域的特有文化，传递企业的核心价值观和愿景，确保整体战略的一致性和效率。

三、并购战略

（一）战略控制的过程

合并是企业战略中的一种方式，指两家或多家企业在平等的基础上，整合各自的业务和资源。这种整合通常是为了创造出比各自独立运营时更强大的竞争优势。在合并过程中，各参与企业共同做出资源和业务上的调整，最终形成一个新的、具有独立法人地位的企业实体。合并的主要目的是通过资源整合，实现规模经济和市场扩张，从而提升企业整体的市场竞争力。

收购则是企业战略中的另一种常见形式，指一家企业购买另一家企业的部分或全部股权，以此来控制或完全拥有被收购企业。企业收购的主要目的是利用自身的核心竞争力，通过控制或吸收其他企业的资源和业务，扩大自身的市场份额和业务范围。收购可以是横向的，也可以是纵向的，还可以是混合并购。在收购过程中，被收购企业通常会失去自身的法人资格，其资产和业务被纳入收购方的运营体系。

（二）并购战略的类型

1.横向并购

横向并购指的是同一产业或领域中的企业相互合并或相互收购。该并购的主要目标是实现市场份额的扩大、提升市场控制力以及优化产业结构。通过横向并购，参与企业可以有效地整合市场资源，削减竞争对手数量，在市场上占据更有利的地位。横向并购还能帮助企业获得规模经济效应，降低生产成本，提高经济效益。例如，两家同行业的企业通过合并，可以共享技术、客户资源、品牌和分销网络等，实现资源的最大化利用。此类并购通常伴随着产品线或服务范围的扩展，以及生产和运营效率的提升。但是，横向并购也可能面临市场垄断风险，需要在遵守相关市场竞争法规的前提下进行。

2.纵向并购

纵向并购指的是企业收购或合并其供应链上游或下游的企业，目的在于控制或影响供应链的不同环节，包括从原材料的采购到产品的最终销售。通过纵向并购，企业可以减少对外部供应商或分销商的依赖，增强供应链的稳定性和控制力，从而提高整体运营效率和成本控制能力。

例如，制造业企业通过收购原料供应商（上游）可以确保原料供应的稳定性和成本优势；收购分销商（下游）可以加强对市场渠道的把控，提升产品的市场接触效率。纵向并购还可以帮助企业更好地掌控产品质量和提升客户服务水平，从而增强市场竞争力。纵向并购可能面临诸如整合难度大、管理复杂性增加等挑战，尤其是在文化融合和运营协调方面。在实施纵向并购时，企业需要充分评估整合成本和潜在的运营风险，确保并购能够真正为企业带来长期的战略优势。

3. 混合并购

混合并购是指企业同时实施横向和纵向并购的战略，结合两者的特点以获得更全面的竞争优势。在这种并购中，企业既合并或收购同一产业链中的竞争对手（横向并购），还涉及其供应链的上游或下游（纵向并购），以此实现业务的多元化和垂直整合。混合并购允许企业在扩大市场份额的同时，更好地控制供应链，优化成本结构，提高效率和利润率。例如，一家汽车制造商可以通过横向并购其他汽车制造商来扩大市场覆盖率，同时纵向并购其零部件供应商和销售渠道，来确保原材料供应的稳定性和销售渠道的有效性。混合并购的挑战在于管理复杂性的增加，包括不同企业文化的融合、多业务线的协调和资源的有效配置，成功的混合并购需要精心的战略规划、细致的尽职调查和高效的整合实施计划，以确保各个业务部分能够协同工作，最大化并购的综合效益。

（三）并购战略的优势

1. 获得更大的市场份额

并购战略能够使企业快速获得更大的市场份额。通过并购竞争对手或相关业务，企业能够立即扩大其在现有市场的影响力，或进入新的市场领域。这种增长方式比内部增长（如自主研发新产品或逐渐扩大市场份额）更迅速、更直接。并购通常带来客户基础的扩展、品牌知名度的提升，以及更广泛的产品或服务线。企业还能通过并购获得竞争对手的专有技术和其他无形资产，从而增强自身的市场竞争能力。在许多情况下，通过并购，企业能够实现规模经济，降低单位成本，提高盈利能力。这种策略尤其对于寻求快速扩张或在竞争激烈的市场中巩固地位的企业至关重要，但需要注意，为了确保成功，企业应当考虑并购的兼容性、潜在的整合挑战以及市场和监管环境的影响，确保并购能够带来预期的市场份额增长。

2. 避免新领域的初始进入壁垒和降低生产经营风险

通过并购战略，企业可以迅速进入新市场，利用已经存在的品牌、技术和客户基础，而无须从头开始构建。这种策略特别适用于那些寻求多元化发展以减少对单一市场或产品依赖的企业。并购既可以帮助企业快速获得新技能和资源，还能有效避开新领域的初始进入壁垒，如市场研究成本、产品开发风险和品牌认知建设等。通过并购，企业能够更灵活地应对市场变化，降低因专注于单一业务带来的风险，为企业长期稳定发展提供支持。

3. 实现规模经济和范围经济

通过并购战略，企业可以迅速扩大其生产规模和市场覆盖率，实现成本效益的最大化。规模经济体现在更大的产量分摊固定成本上，从而降低单位成本，而范围经济则通过扩展业务范围，实现不同产品线间的协同效应，进一步降低成本并提高效率。这些经济优势对于企业在激烈的市场竞争中保持优势至关重要。更大的规模意味着更强的议价能力，企业可以在原材料采购、产品销售及融资等方面获得更有利的条件。此外，规模扩大还带来品牌影响力的增强，有助于企业建立更稳固的市场地位。

（四）并购后的整合策略

1.战略整合

战略整合是并购成功的关键，它要求并购企业和被并购企业的战略要实现有效对接。并购完成后的核心任务是建立一个统一的战略方向，确保两家企业的目标和资源能够协调一致，包括重新审视并确定目标企业在新的企业结构中的角色和贡献，并调整其战略以适应企业的长远规划。通过这种战略协同，目标企业能够更好地融入新的企业文化和运营体系，从而在整个企业中发挥出更大的价值。

2.业务整合

业务整合则是在战略整合的基础上，对目标企业的具体业务进行调整和优化。这涉及对企业业务的重新组织和分配，以便更好地配合整体战略和实现协同效应。具体措施可能包括剥离与核心战略不一致的业务，将其转移到适合的业务部门，或与其他部门的业务进行合并；对资产和资源进行重新配置，以完善调整后的业务结构和满足运作需求。通过这种业务上的精细调整，整个企业可以更加高效地运作，实现规模经济和增强市场竞争力。

3.制度整合

管理制度的整合涉及在并购后对目标企业的管理体系进行必要的调整和优化，如果目标企业已有一套高效的管理制度，并购方可以选择保留这些制度，甚至考虑将其引入自己的企业中，以促进整体运营效率的提升。相反，如果目标企业的管理制度与并购方的战略目标和运营模式不相符，并购方可以考虑引入自己的管理制度，如改进的存货控制、生产过程监控和销售分析等。这种制度整合有助于最大限度地利用目标企业的现有资源，提高整个企业的运营效率和效益。

然而，制度整合的过程并非一直顺畅，引入新制度可能会遇到各种挑战，如新旧制度之间的不兼容问题，或者是目标企业管理者对新制度的抵触。在某些情况下，目标企业的管理者可能认为并购方不了解其具体运营情况，而对新制度持有保留态度。对此，在实施新制度时，并购方需要进行全面的调查和分析，深入了解目标企业的具体情况和潜在影响因素，基于这些信息，并购方应制定详尽、实际的策略和计划，确保制度整合能够有效进行，为并购的最终成功奠定坚实基础。

4.组织人事整合

组织人事整合的关键在于高效地融合两个企业的人力资源和组织结构，包括调整组织架构、重新分配关键职位、优化人员配置以及调整公司文化。在这一过程中，确保信息的透明和沟通的有效性至关重要，以减少员工的不确定感和抵触情绪。合理地识别和利用各自优势，发挥关键员工的作用，确保企业文化的顺利过渡，是组织人事整合成功的关键。

5.企业文化整合

企业文化整合需要识别和尊重各自企业文化的核心价值和特点，同时寻求共同点和互补点，以促进文化的融合和协同。在整合过程中，重要的是建立一个共享的愿景和价值观，这可以通过组织内部的沟通、培训和团队建设活动来实现。领导层的示范作用和对文化差异的敏感性也是成功整合的关键，通过持续的交流和参与，可以逐渐形成统一的企业文化，这对提高员工的归属感、增强组织凝聚力以及最终实现并购至关重要。在这一过程中，企业需要关注员工的反馈，灵活调整整合策略，确保企业文化整合既考虑到了企业的长远利益，也兼顾了员工的情感需求。

四、国际化战略

（一）企业国际化战略环境的复杂性

企业在国际市场上的经营活动面临着极为复杂的环境，这个环境由众多因素构成，每个因素都遵循着自己独特的运动方式和发展轨迹，故企业在国际化的过程中必须精准、细致地了解和把握这些环境因素，并密切关注环境的发展变化，以便有效利用机遇和规避潜在威胁。

企业面临的国际化环境主要由国际经营环境、母国对企业的政策环境以及东道国环境三大部分构成。国际化环境是位于企业外部的，涉及各种主体之间的现有关系、实际活动以及这些活动展现的规律与趋势。这就要求企业在国际化过程中具有灵活性和适应性，以便在各种环境中稳健地发展其业务。

1.国际经营环境

在研究企业面临的外部环境时，不应局限于单一国家（无论是东道国还是母国）的环境，而应考虑更为广阔的国际经营环境。只有这样，企业才能够制定和选择适当的国际化经营战略，并建立自己的国际竞争优势。企业面对的国际环境是多元化的，包括国际经济法律环境、国际金融环境等。

（1）国际经济法律环境。国际经济法律环境包括各国国际贸易协定、知识产权保护、税收政策、劳工标准等多方面的法律规定。不同国家的法律体系存在显著差异，这对企业在不同市场的运营策略、产品定位、营销方法甚至企业治理结构都提出了挑战。例如，一些国家可能对某些产品有更严格的质量标准或安全要求，而其他国家可能有更为宽松的规定。知识产权的保护程度在不同国家也存在较大差异，这对企业的研发和技术转移策略产生影响。税收政策的不同既会影响企业的利润，还可能影响企业全球供应链的配置。而劳工标准的差异直接关系到企业的生产成本和社会责任的履行。企业在制定和实施国际化战略时，必须对目标市场的经济法律环境进行深入研究和分析，以确保合规经营，并充分利用法律差异带来的机遇。同时，企业还需要密切关注国际贸易政策的变化，如关税调整、贸易壁垒设置等，这些都可能对企业的国际市场准入和竞争地位产生重要影响。

（2）国际金融环境。国际金融环境主要涉及全球金融市场的波动、汇率波动、不同国家的金融法规与政策，以及国际资本流动的复杂性等方面。这些因素共同构成了一个动态且具有挑战性的环境，要求企业在扩展全球业务时具备灵活性和预见性。

全球金融市场的波动直接影响企业的资金成本和投资回报。金融市场的不稳定性可能导致融资困难，影响企业在国际市场上的投资决策。此外，汇率波动对跨国企业的影响尤为显著。汇率波动会影响企业在不同国家市场的定价策略、收益转换和成本结构，所以，有效的汇率风险管理策略对企业保持国际竞争力至关重要。不同国家的金融法规与政策也会对企业的国际运营造成影响。例如，某些国家的资本控制政策可能限制跨国资金流动，这就影响了企业的投资和收益回流。国际资本流动的复杂性对企业的国际化战略同样具有重要影响。资本在全球范围内的流动性和可获得性，决定了企业在不同市场的融资机会和成本，对于在多个国家运营的企业而言，如何有效利用国际金融市场的资源，以及如何应对各国金融政策和市场变化带来的挑战，是其成功实施国际化战略的关键。而全球金融环境中的政治风险、经济危机和金融体系的不稳定性也是企业必须考虑的重要因素，这要求企业除要有能力识别和评估这些风险外，还要能够制定有效的应对策略，以保障自身在全球市场中的稳定运营和持续增长。

2.母国对企业的政策环境

企业规模和数量的持续增长，这些企业的母国对跨国投资的结果越发关注，进而会实施一系列鼓励和限制政策，旨在对企业的行为产生影响。

（1）母国对企业的鼓励措施。母国对企业的鼓励措施对企业走向国际市场产生显著影响。政府可通过提供各种激励政策，如税收优惠、财政补贴、外汇管理便利化、市场信息支持等，鼓励本国企业开展国际业务，这些措施降低了企业进入国际市场的成本和风险，增加了对外投资的吸引力。例如，税收优惠可以直接增大企业的利润空间，财政补贴可以为企业提供额外的资金支持，帮助企业解决资金短缺的问题；外汇管理便利化可以使企业在国际交易中更加灵活高效；市场信息支持则可以帮助企业更好地理解和适应目标市场。

（2）母国对企业的限制措施。母国为了减少企业可能带来的负面效应，也会采取一些限制措施。例如，对海外投资进行审查，以保护本国就业率并增加税收，以及限制技术外流，维护国家利益。企业在海外的投资活动有时可能与母国政府的利益发生冲突，所以，这些限制措施对调整企业的行为、确保其活动符合国家利益至关重要。

3. 东道国环境

对于企业而言，深入了解东道国的环境是制定有效的国际化战略的基础。东道国环境通常包括政治、经济、法律和文化等多个方面。

（1）东道国的政治环境。东道国的政治环境涵盖东道国的政治状况、对外资的政策及潜在的政治风险。具体来说，东道国政治状况包括国家的安全性、政治稳定性、政治体制的特点、政府机构的廉洁与效率，以及公众利益群体和社会舆论的影响力等。东道国对外资的政策分为鼓励和限制两大类。鼓励政策可能包括降低关税、减免国内税收、提供设施与服务等；而限制政策则涉及对股权、国产化、收益分配和投资领域的约束。

（2）东道国的经济环境。东道国的经济环境涉及东道国的经济发展状况及企业在当地市场的运营状况。尽管企业面对的直接市场（包括消费者、供应商、竞争者等）在本质上可能与国内市场相似，但东道国的经济发展状况对企业的国际运营至关重要。分析这一方面时，需要考虑东道国的经济增长情况、通货膨胀状况、国际收支和国际债务状况、贸易战略、自然条件、技术发展水平、产业结构特征及经济基础设施等多个因素。

（3）东道国的法律环境。一些国家的法律规定涉及产品相关事宜，包括产品的种类、质量、包装、标签、保单、品牌、商标以及售后服务等方面。在定价方面，不同国家的法律规定各异，一些国家的法律旨在控制和管理各行业的定价原则；而其他国家则可能对某些产品的价格直接进行干预，实施特定的价格政策；还有的国家限制企业在生产和销售各环节的利润率，或禁止上门推销等。除此之外，东道国的法律制度还可能从生态环境、雇佣制度、工作保障、社会保障、分配制度等多个方面影响企业的运营。

（4）东道国的文化环境。每个国家的语言、习俗、价值观念、消费习惯、商业礼仪等，共同构成了一个独特的文化环境。对于企业的国际化经营而言，应当理解并适应这种文化多样性。文化差异可能影响产品设计、市场营销策略、客户服务方式，甚至影响企业内部的管理和沟通方式。忽视东道国文化环境的企业可能会面临市场接受度低、品牌形象受损，甚至运营失败的风险。

（二）国际化战略的类型

1.本国中心战略

本国中心战略以母公司的利益和价值观为基础，目标是通过维持一致的企业形象和强大实力，在国际市场上取得主导地位和竞争优势。这种战略的主要特点是，所有关键的产品设计、开发、生产和销售协调工作都集中在母公司进行。管理模式高度集中，所有重要的经营决策均由母公司控制，这种战略的主要优势在于能够通过集中管理实现显著的成本节约。其缺点是产品可能无法充分满足东道国市场的特定需求。

2.多国中心战略

多国中心战略是一种国际化战略，企业需要根据每个东道国的具体市场情况和需求来定制其产品和服务。该战略强调每个国家市场的独立性和个性化，允许海外子公司在一定程度上拥有自主决策权，以便更好地满足当地市场的特定需求。在多国中心战略中，母公司提供总体的经营原则和目标，各个海外子公司可以根据当地市场的文化、法律法规、消费习惯等因素，调整产品策略、市场营销和管理方式。这种战略使企业能够更灵活地对市场变化做出反应，更紧密地与当地市场和消费者联系。这种战略的挑战在于可能会增加管理的复杂性和协调成本，因为母公司需要在保持全球统一战略的同时，保证不同市场的独立性。

3. 全球中心战略

全球中心战略视全球市场为一个统一的大市场，目标是在全球范围内获取最佳资源，并在世界各地销售产品。采用这种战略的企业通过建立全球决策系统，将各个子公司联系起来，并通过全球商业网络实现资源获取和产品销售。这种战略在考虑东道国具体需求的同时，能照顾到企业的整体利益。这种战略的缺点在于对企业管理水平要求较高，且在管理上的资金投入较大。

（三）国际化战略模式的选择

国际化战略模式主要有以下五种选择，如图 4-6 所示。

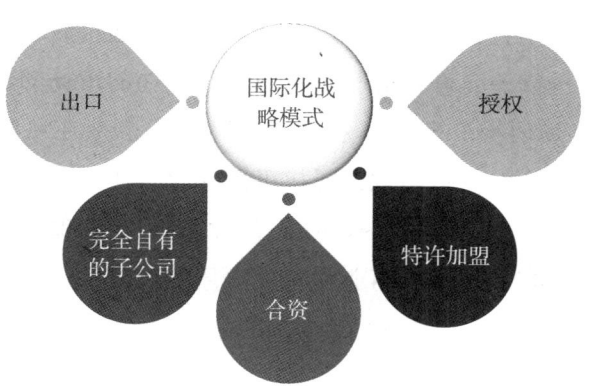

图 4-6　国家化战略模式的选择

1. 出口

出口是企业国际化战略的一种基本模式，通常被视为企业首次进入国际市场的初始步骤。在此模式下，企业将其产品或服务直接从母国销售到外国市场，而无须在目标市场设立制造或销售机构。出口的优势在于它允许企业以较低的风险和成本测试国际市场，尤其适用于那些希望逐步扩展国际业务的企业。出口还能帮助企业充分利用现有的生产能力，通过扩大市场范围来分散风险。但出口可能面临较高的运输成本、关税壁垒和汇率波动风险，并且由于缺乏对目标市场的深入了解和直接控制，企业可能难以有效应对快速变化的市场需求和竞争压力。在采用出口模式时，企业需要仔细评估目标市场的特性，考虑与当地分销商或代理商合作，以提高市场适应性和响应速度。

2. 授权

授权涉及将某些权利和知识，如专利、商标、技术、生产方法或产品配方，授权给外国公司使用。在这种模式下，母公司通常收取一定的费用或版税，作为交换，外国公司获得使用这些知识产权的权利。授权的优点在于它为企业提供了一种低成本、低风险的国际化途径，通过授权，企业能够在不直接投资海外市场的情况下，通过版权费收益扩大其市场影响力。授权还允许企业利用当地合作伙伴的市场知识和网络，加快产品在新市场的推广速度。然而，这种模式也存在风险，主要是控制力下降和知识产权保护问题，授权可能导致企业对产品在外国市场的品质和营销策略控制不足。如果没有有效的知识产权保护和合同执行机制，企业可能面临其技术或商业秘密被滥用的风险，因此，企业需要精心选择合作伙伴，并通过明确的合同和严格的法律维护自己的权益。

3. 特许加盟

特许加盟涉及将企业的商业模式、品牌、知识产权和运营方式授权给外国加盟商。在特许加盟模式下，企业能够在不进行大量直接投资的情况下快速扩展国际市场。在特许加盟中，加盟商通常需支付初始加盟费和持续的版税，以换取使用品牌、技术和系统的权利，并且要遵循母公司设定的运营标准和指导方针。特许加盟能够使企业通过加盟网络快速扩展，并保留对品牌和产品质量的控制。此外，因为加盟商通常对当地市场有更深入的了解，特许加盟有助于企业更有效地适应不同市场的需求。但特许加盟在确保品牌一致性和质量控制方面存在一定的挑战。

4. 合资

合资，通常指一家本地企业与一家外国企业合作，共同在特定国家或地区开展业务，这种模式允许企业通过与当地企业的合作共享风险和资源。合资的主要优势在于能够结合双方的优势资源和能力，有助于企业更容易地进入新市场，尤其是那些对外资有限制或偏好本地企业的市场。合资的劣势表现在合作伙伴间的利益和目标可能不一致，管理和运营的协调较为复杂上。

5. 完全自有的子公司

完全自有的子公司指母公司完全控股的海外运营实体。在该模式下，企业可以通过在国外市场建立一个完全由自己拥有和控制的子公司，实现对海外业务的直接管理和完全控制。这种模式允许企业在全球范围内统一品牌形象和运营标准，确保产品和服务质量的一致性。此外，完全自有的子公司能够更好地与母公司的战略目标保持一致性，因为完全自有的子公司的所有决策和操作直接受母公司的控制。但该模式通常涉及较高的初始投资和运营成本，增加了企业承担的国际市场风险。

第五章 企业思维创新分析

第一节 思维创新概述

一、思维创新应运而生

（一）知识经济催生新思维

随着社会的发展和生产力的进步，人类已经从工业社会步入知识经济时代，随之，思维方式的转变不仅成为必然，而且已经发生。在知识经济时代，企业竞争的焦点转移到了人才、知识、信息和技术上。若企业缺乏思维创新，就无法紧抓这些竞争的关键点，思考问题的方式也难以跟上时代的步伐，在这种情况下，企业很可能会与社会发展脱节，失去生存和发展的基础。因此，企业需要进行思维创新，否则将面临被时代淘汰的风险。

在知识经济时代，企业面临的创新形势更为严峻，而创新的核心在于思维方式的转变，思维方式影响人们的观念和处理问题的方法。如果企业的思维方式未能与时代同步，其实际行动将难以适应当前的市场环境。因此，对于企业而言，创新首先应从思维入手，采用符合时代要求的先进思维引领技术创新、产品创新、制度创新和管理创新，确保企业在知识经济时代能持续发展和保持竞争力。

（二）买方市场的出现需要思维创新

自改革开放以来，我国经历了从卖方市场向买方市场的转变，结束了生产多少便能销售多少的时代，生产商不再只关注生产本身，更密切关注消费者需求的变化。随着时代的发展，消费者需求变得越来越多样化，个性化特征日益明显，这要求企业管理者改变旧有的思维模式，采用适应新时代的思维经营管理企业，并根据消费者的需求组织生产，因为需求直接关系到客户的满意度。买方市场有两个显著的特点：并非所有商品都供过于求，某些行业可能面临生产能力闲置。

市场由卖方向买方转变之后，企业需要在生产方式和管理策略等方面进行变革和创新，指导变革和创新的思维方式本身也需要革新。企业需要根据市场的最新情况进行思维创新，企业才能在变化的市场环境中保持竞争力和可持续发展。

1.着眼于未来的消费趋势和经济增长点

经过改革开放，供求关系已经从原先的供不应求转变为供过于求。在这种情况下，企业要想取得超额利润，必须着眼于未来的消费趋势和经济增长点，并将其作为创新的出发点。这样，企业既能够开辟新的市场领域，还能避免在已饱和的市场中进行无谓的竞争。通过捕捉新的市场机遇，企业可以在现有市场之外找到增长空间，避免在竞争激烈的环境中陷入僵局。

2.在融资渠道上，确立多元化的思维方式

在融资渠道方面，随着市场的日益完善和成熟，资金来源的多样化促使企业的融资模式也变得更加多元化。面对日益发展的资本市场，企业需要转变原有的融资模式，探索并采用多种融资方式，寻求最优的融资组合。这种多元化的融资思维有助于企业更加高效地筹集资金，从而支持其业务的持续发展和扩张。

3. 确定国际化的思维方式

随着经济全球化的不断推进，企业需要采用国际化的思维方式指导自身的全球经营活动。目前，企业实现国际化发展的途径多种多样，包括委托销售、加工合作、合资企业或在海外设立分支机构等。在这一过程中，企业应运用全球视野和立体思维重新评估国际市场，进而在全球范围内寻找新的商业机会。

二、思维决定一切

思维对企业的战略、制度和行动起着决定性作用。对于任何企业来说，领导者的思维将直接影响其制定的战略、建立的制度和采取的行动，进而决定企业的生存与发展。假设一家企业的领导者的思维就是错误的或者落后的，那么最终的结果很可能会导致企业偏离成功的轨迹。这就像站在交叉路口，选择的方向正确，则逐渐接近目的地；反之，选择的方向错误，便会越行越远。虽然正确的思维不一定保证企业的成功，但它是成功的必要条件。没有正确的思维作为指导，失败几乎是不可避免的。观察那些成功的企业，可以发现它们总是以正确的思维来引导自身的发展方向。

对于企业来说，思维创新是其持续发展的重要推力，它构成了企业潜在竞争力的核心。在激烈的市场竞争中，思维创新一方面是企业竞争的重要法宝；另一方面在推动企业发展的过程中发挥着重要的作用。缺乏先进的思维和超前的观念，企业难以实现跨越式发展，在当下这个竞争日益加剧的社会中，企业需要依靠特色和创新赢得市场地位，许多企业之所以能保持活力和市场竞争力，关键在于它们在思维上保持着创新性，总能领先一步采取有力措施，创造并维护竞争优势。思维创新是企业创新的源泉，也是其他形式创新的前提和基础。可以说，没有思维创新，就无法实现技术创新、营销创新、文化创新等。

在当今的经济环境下，为了寻求适合自身发展的路径，获取更大的市场份额和利润，企业必须进行思维创新。通过充分发挥思维的能动性和创造性，企业可以创造性地开展各项工作，找到解决问题和促进发展的新途径。通过思维创新，企业能实现更加优质和长远的发展，而不是陷入习惯性、常规性的思维模式中。这个时代是思维创新的时代，进行思维创新是时代的需求，企业要在不断变化的市场环境中立足，就必须跳出传统的思维模式，寻求新的方向和策略。

三、思维创新的特征

思维创新主要具有三大特征，如图 5-1 所示。

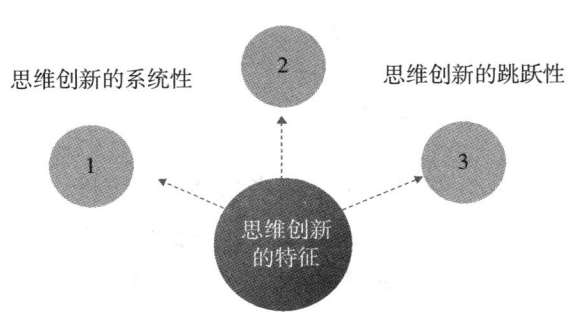

图 5-1 思维创新的特征

（一）思维创新的系统性

思维创新的系统性强调创新思维不仅仅是孤立或零散的想法的改变，而是思考方式的全方位转变。系统性意味着思维创新涉及企业的各个方面，包括战略规划、组织结构、管理方式、市场营销、产品开发等。这种全方位的创新思维能够帮助企业更好地理解复杂的市场环境，识别和把握新机遇，同时有效应对挑战。

在实施思维创新时，企业需要考虑其业务活动的各个环节和层面，确保创新思维贯穿于企业文化、决策过程和日常运营中。例如，在战略规划方面，创新思维要求企业不仅要关注当前市场的需求，还要预见未来的发展趋势，寻找新的增长点。在组织结构方面，创新思维鼓励企业打破传统的层级体系，采用更灵活、更高效的管理模式。在市场营销方面，创新思维促使企业摒弃传统的推销方法，转而采用更符合现代消费者习惯和偏好的策略。

思维创新的系统性还意味着企业要将创新思维与技术创新、产品创新和服务创新紧密结合。这种结合能够促进企业在各个方面的持续改进和优化，从而在竞争激烈的市场中保持领先地位。企业领导层需要营造一个鼓励创新、容忍失败的环境，激励员工积极思考，敢于尝试新的方法和理念。通过系统性的思维创新，企业能够更加全面地应对市场和行业的变化，为长期的发展奠定基础。

（二）思维创新的立体性

思维创新的立体性的实质在于从多角度、多维度，包括但不限于不同的思维导向、逻辑规则、观察角度、评价标准和思维结果，去理解和分析事物。当应用立体性思维去探究一个主题时，能够全面捕捉该主题的多个方面，加深对它的全面理解。例如，在评价一个人时，可以从他的优点和缺点两方面进行分析，同时可以通过了解他的过去和现状，以及他所处的环境加深对他的理解。对于复杂的事物，多维度的认识尤为重要，因为这有助于更全面地理解对象，从而有利于制定、执行以及评估和优化决策。

在运用立体性思维认识多个对象时，需要特别关注对象的层次结构和各要素之间的相互联系，还要考虑时间和空间的统一性。例如，在分析竞争对手时，应当将其置于整个供应链的背景下进行考量，深入了解其各个组成部分的层次关系、不同部门之间的互动、组织架构、人员配置，以及生产工具等情况。此外，还需探究竞争对手的历史背景、现状和未来发展策略等，以尽可能从不同维度深化对其的认识。立体性思维鼓励从各个可能的角度去探索和理解对象。这种思维方式的流畅性和灵活性允许个人根据具体情况制定认识对象的时间、方法和层次。

（三）思维创新的跳跃性

思维创新的跳跃性表现为在思考问题和解决问题的过程中能够打破传统思维模式的束缚，实现思维的跳跃。这种跳跃不只是对旧观念的简单修正或渐进式改变，而是一种质的飞跃，常常导致对问题的全新理解和解决方案的创造性发现。思维创新的跳跃性能够使企业在面临复杂和具有挑战性的问题时，迅速摆脱传统思维的局限，开拓新的思路和策略。思维创新的跳跃性的实质在于敢于质疑和挑战现有的理念、规则和标准，寻求突破常规的解决方案。这要求企业在面对困难和挑战时，不拘泥于常规的思考模式，而是敢于探索未知领域，采取非传统的方法。这种思维方式鼓励企业在产品开发、市场策略、管理制度等方面进行大胆实验和探索，进而在短时间内实现显著的创新成果。例如，通过跳跃性思维创新，企业可以在产品设计上实现突破性改变，或在服务模式上提供全新体验。

思维创新的跳跃性还意味着企业能够在瞬息万变的市场环境中迅速做出反应。在快速变化的商业环境中，仅仅依靠传统的思维模式往往难以应对新出现的问题和挑战，而跳跃性的思维创新能够使企业快速察觉市场趋势的变化，灵活调整策略，抢占先机。所以，培养具有跳跃性的创新思维，对企业保持竞争优势和持续发展至关重要。

第二节　思维创新的研究

一、思维创新需要勇气和想象力

（一）勇气为思维创新的关键因素

勇气在推动思维创新的过程中扮演着重要角色，在打破常规思维模式方面显得尤为关键。面对根深蒂固的传统观念和做法，思维创新需要一种敢于质疑和挑战现有体系的勇气，这种勇气涉及对已有知识和流程的挑战，还包括对那些被广泛接受的行业标准和实践的质疑。在企业层面，这意味着领导者必须敢于突破现有的业务模式，探索新的商业机会。而个人层面，它要求员工从常规思维中跳出来，提出创新的想法和解决方案。勇气成为推动领导者和员工不断前行的动力，激励着他们在面对未知和变革时保持坚定和积极。

勇气体现在面对失败和不确定性时的坚持和承担上。创新本身就是一种探索未知领域的活动，伴随着高风险和高不确定性，拥有在面对潜在失败时仍能坚持尝试的勇气，对于实现思维创新至关重要。这种勇气鼓励企业和个人敢于尝试新方法，即使这些方法可能带来错误或失败。而且，在面对失败时企业和个人能够从中学习和成长，而不是放弃，这种对失败的接纳态度和从失败中吸取教训的能力，是持续创新的关键。

勇气还体现在对抗内外部压力和偏见的能力上。在创新的过程中，企业和个人经常面临来自同行、市场或内部团队的质疑和反对，在这种情况下，坚持自己的创新想法和策略需要极大的勇气。这种勇气不仅涉及坚持己见，还包括在面对批评和反对时能够保持客观、冷静，努力克服这些外部和内部的阻力，保持创新的动力，不断推进思维和实践的创新。由此可见，培养和维持这种面对挑战时的勇气，对于任何追求长期发展和创新的企业和个人来说都至关重要。

（二）想象力在思维创新中占据核心地位

想象力在思维创新中占据核心地位，它使得企业和个人能够超越现实限制，构建全新的思维模式和概念。想象力不是幻想或空想，而是基于现实的创造性思维过程，它允许企业或个人在心中模拟和构想尚未存在的情景、解决方案或产品，从而开辟创新的可能性。例如，科技公司在开发新产品时，往往需要预先设想和构建用户的需求和使用场景，这种设想往往需要超越当前技术和市场的现实限制。在这个过程中，想象力成为推动新思维和新产品开发的关键驱动力。

想象力在组合现有信息和知识以产生新思维和新方案方面发挥着重要作用，它不限于对现有知识的重复和模仿，更关键的是能够将看似不相关的信息、观点和概念进行创造性的结合。这种结合能够产生创新的思维模式和解决方案，为企业解决问题提供新的视角和方法。例如，跨学科的创新常常依赖将不同领域的知识进行结合，进而产生突破性的创新。在这个过程中，想象力促使创新主体打破思维界限，探索新的可能性。

想象力对企业预见未来发展趋势具有重要意义。在快速变化的市场环境中，能够预见未来发展趋势的企业更有可能在竞争中占据优势。想象力使得企业能够在当前的市场和技术条件下预测未来的发展方向，包括但不限于对未来市场需求、新技术的发展趋势、行业动态和消费者行为等的预测，从而提前准备和布局。借助想象力，企业能够在现有的基础上构建对未来的合理预测，制定相应的战略，以便在未来的市场竞争中保持领先。

（三）勇气和想象力的相互作用

勇气和想象力在思维创新中相辅相成。勇气提供了实现想象力创造的必要条件，没有勇气，具有创造性的想法无法超越思维的边界，变为现实中的创新；而想象力促使人们超越传统和常规，探索全新的领域和可能性，这一过程正是勇气发挥作用的舞台。所以说，在思维创新的过程中，勇气和想象力相互依存、相互激发，共同构成了推动创新的核心动力，使企业和个人能够在不断变化的环境中保持竞争力和创新能力。

二、思维创新的基本方法

思维创新的方法有很多种，在实际应用中，并不是一种方法单独发挥作用，而是多种思维创新方法交互作用。下面介绍几种常见的思维创新方法，包括发散思维方法、联想思维方法、逻辑思维方法以及系统思维方法。

（一）发散思维方法

发散思维，又称多向思维、辐射思维或扩散思维，是一种在思考问题的过程中，不局限于传统的思考形式、方法和规则，自由地将思路向不同方向延伸，从而获取关于某一问题的广泛信息和多样化解决方案的思维。这种思维以一个具体的主题或待解决的问题为中心，围绕此主题或问题从多角度、多方面展开思考，包括探讨问题的成因、性质、影响范围、涉及的人员或部门、可能带来的后果，以及可能的应对策略。与无目的的胡思乱想不同，发散思维是有焦点、有目的的思考过程，尽管其思考的路径和角度可能多种多样，但都是为了更全面地理解问题并找到解决方案。

发散思维最显著的特征在于其发散性。例如，头脑风暴法正是利用了发散思维的这一特性来寻找问题的最佳解决方案。当人们围绕一个中心主题思考时，发散思维能够帮助人们从多个维度全面地认识事物，从而寻找最合适的解决办法。

根据发散的方向不同，发散思维又可细分为逆向思维和侧向思维。

1.逆向思维

逆向思维，亦称反向思维，是一种违背常规思维习惯的思维方式。该思维方式的典型做法是先全盘否定他人的观点或说法，然后寻找反证，如果找不到反例，这种观点才被接受；对于有争议的观点则进行深入的辩证分析。逆向思维在打破思维定式方面具有重要作用，它鼓励人们摆脱对经验和习惯的依赖，跳出固有思维模式。在创新过程中，逆向思维有助于从问题或观点的反面入手，探索新信息或发现解决方案的漏洞，这常常是创新想法的孕育地。

2.侧向思维

侧向思维，亦称横向思维，是从问题的侧面进行思考的一种方法，其策略在于改变思维的逻辑顺序。生活中的"拿来主义""借鉴学习"便是侧向思维的实际应用。侧向思维通常通过三种方式实现：首先是从侧面移入，即跳出问题本身的界限，如跨越专业、部门、行业或地域的限制，从而扩大思考问题的视野。其次是侧向转换，即通过了解周围其他事物来认识目标事物，这可以通过改变认识对象或手段来实现，关键在于如何实现从目标事物到周围事物的转换，再从周围事物回到目标事物的转换。最后是从侧面移出，即将某个事物（如观点、创意、技术、产品、制度等）从其原本的应用领域转移到其他领域，如军用技术的民用转化。侧向思维的实质在于突破固定的思维框架，通过不同角度和方法对问题进行全面思考和探索。

发散思维在企业创新活动中的重要性主要体现在它能够扩展对特定事物或问题的认识范围，促使创新者突破传统思维方式的限制，从多个维度全面地理解一个对象，为管理者提供从各个角度探索解决问题的不同方法。运用发散思维，有时可以孕育出独特且新颖的解决方案，这些方案往往令人眼前一亮，仿佛"清水出芙蓉"，给人带来全新的视角和思考。

（二）联想思维方法

联想思维方法作为思维创新的基本方法之一，指的是在思考过程中，将不同的信息、观点或概念联系起来，进而产生新的想法或解决方案。这种思维方法的核心在于发现和建立看似无关事物之间的联系。在企业创新的过程中，联想思维能够帮助创新者跳出传统的思考框架，将不同领域的知识和经验相互结合，激发出新的创意和策略。例如，企业在开发新产品时，可以通过联想其他行业的成功案例或技术应用，获得灵感并将灵感应用到自己的产品中。这种跨界联想不仅能拓宽思考的范围，还能促进创新思维的多样性和深度。

要实施联想思维，重要的是要培养开放和灵活的思维习惯，探索不同领域之间的可能联系。企业可以通过多种方式来促进员工联想思维的发展，如举办跨部门的工作坊、开展多学科的合作项目，或者鼓励员工关注和研究跨行业的发展动态。通过这些活动，员工能够接触到不同领域的知识和经验，从而激发新的联想和创意。企业也可以通过树立接纳和鼓励创新的文化，来促进员工在日常工作中运用联想思维。当员工感到他们的创意和联想被重视和鼓励时，他们更有可能在工作中主动运用联想思维，为企业带来更多创新的想法和解决方案。因此，联想思维不仅仅是个人的思维技巧，更是企业文化和组织氛围的体现，是促进企业创新和发展的重要工具。

（三）逻辑思维方法

逻辑思维方法，是指按照思维的基本逻辑顺序，把思维对象概念化，由概念构成判断，判断再经过逻辑联系构成推理体系的思维过程。虽然在创新领域，传统逻辑思维方式常被认为是创新的障碍，但实际上，逻辑思维与非逻辑思维在本质上是互补的。随着管理学科从科学管理向人本管理的转变，管理逐渐被视为既是科学又是艺术。在企业创新中，逻辑思维与非逻辑思维正是这两个方面的体现。逻辑思维注重创新的科学性，依赖精确和系统的思考指导创新过程；而非逻辑思维则突出艺术性。

企业在创新管理中，应当将逻辑思维和非逻辑思维紧密结合。逻辑思维确保了创新过程的科学性和系统性，为创新提供了坚实的基础；而非逻辑思维作为逻辑思维的补充，更具创造性和灵活性。这种互补确保企业在追求创新时既有严谨的逻辑基础，又有跳脱常规的创意空间。通过结合这两种思维方式，企业能够更有效地结合科学性和艺术性，从而在创新管理中取得更好的成效。所以，为了在创新中取得成功，企业需要在坚持逻辑思维的同时，积极发挥非逻辑思维的作用，让两者在创新过程中相互促进、相辅相成。

逻辑思维方法可以细分为以下三个方法。

1. 归纳推理法

归纳推理是一种从个别案例到一般性结论的推理过程，即基于对多个类似事件或情况的观察，从中提炼出具有共性和普遍性的规律。例如，企业通过分析多个员工离职的具体案例，归纳出一条具有普遍性的结论。这种从具体到一般的思维方式，使得管理者能够从多个类似的现象中抽象出一般原理，从而为决策提供有力的支持。

在企业管理实践中，运用归纳推理法可以有效地识别和解决普遍存在的问题，通过对一系列类似事件的分析和归纳，管理者能够探寻到其背后的深层次原因，并据此制定有效的解决策略。例如，当员工离职率升高时，通过归纳推理可能发现薪酬不公或工作环境不佳的原因，从而引导管理层进行薪酬体系调整或工作环境改善。

2. 演绎推理法

演绎推理与归纳推理相反，是从一般到个别的推理，即已知的普遍规律或一般原理应用于特定的情况或实例。在运用演绎推理时，重要的是遵循逻辑规则和基本原理，考虑个别事物的特殊性和差异性。例如，在一个企业中，尽管整体薪酬水平可能不具备竞争力，但对于某些关键职位，其薪酬可能非常有吸引力。因此，在应用演绎推理时，需要具体问题具体分析，考虑到各种可能的变量和条件。

演绎推理法在探索未知事物和评估创新方案时尤其有用，管理者可以依据已有的普遍规律或一般原理，推断和评估某个特定创新方案的可能性和有效性，预测创新方案可能带来的结果和影响。例如，在评估一项新技术投资时，管理者可以根据公司的整体战略和市场趋势进行演绎推理，判断该技术是否符合公司的长远发展目标。这种从一般到个别的推理，有助于管理者在决策时减少不确定性，提高决策的准确性和有效性。

3. 类比推理法

类比推理是一种将已知事物与未知事物进行对比，通过寻找它们之间的相似性和差异性，推断未知事物特性的推理。在推理过程中，关键在于识别两个事物之间的相似点和不同点，以便从已知事实推导出未知事实。例如，通过分析已知市场或产品的表现，可以对与之类似的新市场或新产品的潜力进行预测。在企业管理和决策过程中，类比推理被广泛应用于趋势分析、市场预测、产品开发等领域，它有助于管理者在面对不确定性和缺乏直接信息的情况下，做出更为合理的判断和决策。

具体而言，类比推理在企业预测和规划中发挥着重要作用。例如，销售经理可以通过比较过去几个月的销售量数据，预测未来一段时间的销售量趋势，从而为企业的战略规划和资源配置提供依据。准确的预测既能够帮助企业更好地制订具有针对性的计划，还能减少创新过程中的风险，提高创新活动的成功率。类比推理是管理者处理复杂问题，尤其是面对快速变化的市场环境和技术革新时，一个不可或缺的思维工具。通过运用类比推理，管理者可以更有效地把握市场动态，制定更加科学、合理的决策。

（四）系统思维方法

系统思维方法是一种将思维对象视作互联互动的整体进行分析和理解的思维方式。运用系统思维方法时，人们需细致考虑构成整体的各个要素之间、要素与整体之间，以及整体与外部其他系统之间的关系，因为一个系统由众多要素构成，对整体的理解必须基于对构成要素及其相互联系的深入认识。同时，考虑系统与外界的联系也极为重要，因为孤立地看待任何一个系统都可能导致错误的结论。例如，企业作为一个系统，不仅涵盖多个部门（要素），而且与外部的社区、政府、竞争对手、供应商、消费者等系统紧密相连。

创新活动本身是一项复杂的工程，涉及多个要素的相互作用。无论是正式的创新项目还是偶然的创新成果，都是由经验、创新、知识，甚至包括当时的气候和人际关系等众多要素交织作用的结果。更具体地说，一个企业的正式创新项目涉及跨越较长时间跨度的多个环节，需要营销、生产、研发、公共关系和财务等不同部门的协同合作，有时还需要与外部力量配合。任何一个环节的失误都可能导致整个创新项目的失败。因此，若不从整体视角把握企业创新，而仅仅追求某一方面的最优化，结果可能是得不偿失。

系统思维并不意味着可以忽视系统内部的各个要素，认识系统的过程始于对系统内部要素及其相互关系的理解。通过对各个要素及其联系的分析，可以更全面地认识整个系统，关键在于在整个系统的背景下理解各个要素，而不是孤立地看待它们。

三、思维创新的主要障碍

人的思维模式的形成是一个漫长且复杂的过程，既可以被视为一种心理现象，也可以被看作大脑独特的能力。思维模式往往会展现出路径依赖的特点，即当个体经常遇到相似的事物时，大脑会逐渐形成一种习惯性的思维方式，沿着固定的方向和顺序处理类似的问题，这种现象被称作思维惯性。从负面角度来看，思维惯性可能导致人们墨守成规、拘泥于传统，特别是在企业创新方面，它的限制作用往往超过了其积极意义，因为它限制了人们思维的广度和深度。

思维定式是思维惯性的一种更为固化的形态，是一种根深蒂固的思维模式。思维定式一般有三种表现形式：一是认为每个问题都只有唯一的答案；二是简单的二元思维模式，即仅仅考虑"是""否"的选择；三是过分强调思维的逻辑性，忽视思维的艺术性。从负面来看，思维定式在阻碍企业创新方面的作用尤为突出，在这种思维模式的影响下，企业员工往往难以从新的视角思考问题，解决问题的方法通常是依赖既有的成功经验，进而限制了他们创造性思维的自由发挥。

虽然思维定式在企业创新方面存在诸多局限，但在处理常规性工作时，也显示出一定的优势，对于那些不需要创新思维的常规工作，员工可以依照既定的程序高效、熟练地完成任务。例如，门卫在处理开锁和推门的顺序上无须过度思考，这种习惯性的操作能够提高工作效率。同样，在快餐店中，食物的制作过程有固定的程序和方法，员工只需要遵循既定步骤就能迅速为顾客提供服务，这种思维惯性使员工能够将常规程序牢记于心，在顾客点餐后快速提供服务。所以，虽然思维定式在创新方面存在限制，但在执行常规工作方面也有其价值。

思维惯性对企业创新构成的障碍，与医学上所指的障碍不同，思维创新中的障碍指的是那些妨碍企业创新活动的思维因素，当管理者在思维上存在障碍时，即使创新的机会来临，也往往难以抓住，因此，管理者和员工需要不断清除那些妨碍思维创新的障碍。在企业创新实践中，常见的思维障碍包括习惯性思维障碍、权威型思维障碍、从众型思维障碍、书本型思维障碍、自卑型思维障碍、麻木型思维障碍、偏执型思维障碍等。这些障碍一方面限制了个体的创新思维，另一方面影响了整个组织的创新能力。为了在竞争激烈的市场中保持创新能力，企业需要积极识别和解决这些思维障碍，促进创新思维的发展。

四、克服思维创新障碍的对策

（一）扩展思维视角

思维视角既是思考的起点，也是问题解析的方向。在创新的过程中，思维视角决定了思考的出发点和深入的方向。企业管理者应当致力于构建一种鼓励从多角度思考问题的环境，激励员工进行资源整合的创新尝试，当员工提出新的想法或对某个问题有不同见解时，应予以鼓励，同时将那些切实可行的创意转化为实践，以确认和鼓励员工的创新性思考。

在问题解决的过程中，创新思维的视角非常重要，因为它对解决方案的制订和实施有着不同寻常的价值。以企业管理为例，"存在并不一定是合理的"是一个常识，很多企业的规章制度并非完美无缺，总存在一定瑕疵。管理者往往由于深陷其中，难以发现问题的实质。因此，管理者需要跳出企业管理者的身份，以第三方的眼光审视企业可能存在的问题，且不应只关注一处，而是从多个视角全面思考问题。

扩展思维视角意味着对思维的切入点和方向进行扩展，从单一的焦点转变为多元的视角，从单一方向变为多方向的探索。思维视角的扩展是可以通过训练实现的，现实生活中有许多有效的训练方法，其中，最基本的一点是避免形成思维定式。有效的方法包括多角度思考问题、跨学科交流合作以及定期进行创新思维训练等，这些都有助于在日常工作和管理决策中拓展思维视角，提高问题解决的有效性和创新性。下面介绍两种常见且有显著效果的方法。

1. 转换思考问题的方式

传统的思维模式往往局限于固有的框架和角度，而创新思维要求打破这些限制，采取不同的思考路径。例如，当面对一个问题时，可以尝试将其置于不同的背景中，探索多种可能性，这种转换既涉及思考的内容，更关乎思考的方式和角度。通过转换视角，可以从新的方向审视问题，发现新的解决途径。

转换思考问题的方式还包括从多学科和跨领域的角度进行思考，这意味着在处理问题时，不应局限于自身专业或领域的知识，而应结合不同领域的理论和实践经验。例如，市场营销问题既可以从商业角度思考，也可以借鉴心理学、社会学甚至人类学的知识，跨学科的思考方式有助于深化对问题的理解，激发新的创新点子。

转换思考问题的方式需要增强对复杂性和不确定性的容忍度，在面对复杂问题时，单一的思考方式往往难以给出有效的解决方案。因此，需要学会在不确定性中探索，接受并应对问题的复杂性，这要求人们在思考问题时保持开放和灵活的态度，愿意接受并探索多种可能的答案。通过这种方式，可以更好地适应变化多端的环境，发掘新的机遇，并有效克服思维创新的障碍。

2. 直接问题和间接问题的转化

在处理问题时，往往不仅要关注直接问题，还要考虑与之相关的间接问题。直接问题通常是显而易见的，是直接影响结果的因素；而间接问题是隐藏的、可能影响直接问题的其他因素。例如，销售额下降的直接问题可能是产品质量或价格问题，而间接问题可能涉及市场趋势、消费者偏好或竞争对手策略等。转化这些问题，即深入分析它们的具体内容和特点，有助于更全面地理解问题，从而找到更加有效的解决方案。

转化直接问题和间接问题还涉及识别问题的多个层面和角度，对直接问题的特化意味着深入挖掘问题的核心，找出问题的本质；而对间接问题的特化意味着识别和分析背后因素是如何影响直接问题的。这个分析过程要求细致入微，考虑到所有可能的影响因素及它们之间的关系。例如，企业在面对市场竞争时，不仅要分析自身的优势和劣势，还要考虑行业趋势、消费者行为变化等多个方面的因素。

（二）不断自我超越

自我超越是一个持续的过程，要求个体不断地挑战自己的思维界限，探索新的思维领域。在企业中，这意味着管理者和员工需要勇于放弃那些已经习惯的、安全的思维模式，大胆尝试新的思维方法和策略。这种自我超越不局限于解决特定问题，更是一种广泛应用于日常工作和决策过程的思维方式。例如，面对复杂的市场变化和激烈的竞争，企业需要不断地更新其商业模式和运营策略，这就需要管理者和员工能够跳出传统的框架，探索新的可能性。

自我超越还包括对已有知识和经验进行反思和重新评估。在这个过程中，重要的是识别那些被认为是理所当然的观念和做法，通过反思和重新评估，揭示隐藏在日常习惯和常规操作背后的假设和局限性，从而为创新思维的发展提供空间。例如，企业在开发新产品或制定市场策略时，需要反思过去的成功经验是否仍适用于当前的市场环境，是否存在更有效的替代方案。这种对已有经验的重新评估能够增强企业的适应性，激发新的创意和想法。

第三节 企业领导者的思维创新

一、企业领导者思维创新的意义

企业领导者的思维创新对企业发展的重要性主要体现在两方面。一方面，领导者在企业中通常拥有较高的地位，他们的思维模式和决策风格会直接影响整个企业的运营和发展方向。领导者的思维不仅在决策过程中发挥作用，还会影响企业组织结构的构建和企业文化的形成，换句话说，领导者的思维方式在很大程度上塑造了企业的思维模式和价值观，从而对企业的长远发展产生深远影响。另一方面，领导者的思维创新对激发员工的创新精神至关重要。在企业中，领导者往往被视为员工的榜样，其行为和态度在很大程度上设定了员工的行为标准。领导者对创新的态度和他们在思维上的创新程度将直接影响员工对创新的看法和追求，当领导者展现出对创新的极大热情和积极态度时，员工也更可能去尝试新思维和新方法。在快速变化的市场环境中，领导者的思维创新是企业抓住先机、维持竞争力的关键，领导者需要持续更新自己的思维模式，敏锐地捕捉市场变化，避免企业落后于市场趋势。

二、企业领导者思维创新能力的培育

（一）培养科学的思维方式

思维创新在很大程度上受限于个人固有的思维模式，在日常决策过程中，领导者应当重视采用科学的思维方式，避免急于将初步想法立即转化为行动或决断。通常情况下，这类快速反应受到个人习惯性思维的影响，无法充分考虑问题的多个方面。领导者应该学习暂缓一步，从不同角度审视问题，探索其他可能的解决方案。这要求领导者在几个关键方面进行思维上的转变。

1. 变正向思维为逆向思维

正向思维，即沿袭某些常规去分析问题，按事物发展的过程进行思考和推测。这种方法虽然直接，但会受到个人已有认知和经验的影响，导致对问题的理解带有主观偏见。相反，逆向思维鼓励人们从事物的反面或对立面思考问题。这种"换位思考"能够帮助人们突破传统思维的局限，从全新的角度看待问题。逆向思维可能会揭露在正向思维过程中未曾注意到的问题和潜在的机会，进而为解决问题提供更为全面和深入的视角。

2. 变单向思维为多向思维

单向思维意味着沿着一条固定的思考路径分析问题，这可能导致观点和解决方案带有局限性，为了克服这种局限性，领导者需要培养多向思维能力，即从多个角度和维度考虑与分析问题。这种多元化的思考方式可以帮助领导者更全面地理解复杂问题，并找到更创新、更有效的解决方案。例如，在面对经营挑战时，多向思维强调考虑市场趋势、消费者需求、技术进步等多方面的因素，从而形成更为全面的应对策略。

在实践中，培养多向思维的过程涉及不断学习和实践。领导者可以通过阅读、参加研讨会和交流会等多种方式接触并理解不同的观点和方法。此外，多向思维也要求领导者倾听并重视团队成员的不同观点，并将这些多样化的观点融入决策过程。通过培养这种开放和包容的态度，领导者能够拓展自己的思维视野，激励团队成员积极参与创新过程，共同推动企业发展。

3. 变依附性思维为独立性思维

依附性思维通常基于既有的框架、理论或他人意见进行思考，这种思维方式虽然稳妥，但往往缺乏创新性和主动性。相反，独立性思维鼓励人们基于自己的理解和判断处理问题，要求人们对现有知识和信息进行深入分析，从而提出新的观点和解决方案。这种思维方式能够激发创新思维，促使人们在面对复杂和具有挑战性的问题时能够独立做出决策。

要培养独立性思维，领导者首先需要不断提升自己的知识水平和思考能力，这可以通过持续学习、参与不同领域的研讨和实践来实现。领导者要培养批判性思考能力，不满足于仅仅接受现有的观点和方法。在日常工作中，领导者应当从多角度进行深度思考，不断地挑战自己的思维界限。此外，领导者还应该建立一种鼓励创新和独立思考的企业文化，这可以通过表彰那些展现出独立思考能力的员工来实现。

（二）通过培训和再学习，促进知识的更新和积累

领导者要培养思维创新能力，首要步骤是通过培训和再学习，促进知识的更新和积累。在快速变化的商业环境中，持续学习和知识更新对保持领导力至关重要，培训和再学习不仅涉及对行业发展趋势的理解，还包括对新技术、新市场、新管理理论的掌握，这些知识的更新和积累可以帮助领导者更好地理解外部环境的变化，从而做出更为精准的决策。例如，了解最新的技术发展情况可以帮助企业领导者在制定技术策略时，考虑到可能的风险和机遇，从而更有效地指导企业的技术创新和产品开发。

在再学习过程中，领导者应将重点放在战略思考能力的提升和创新视野的拓展上，包括学习如何从宏观视角分析市场动态，如何整合不同的信息来源形成全面的业务策略，以及如何领导和激励团队进行创新。再学习应该包括对非传统思维方式的培养，如学习如何采用跨学科思维方式解决复杂问题，如何应用设计思维推动创新。通过这些培训和再学习活动，领导者能够不断提升自己的知识水平和思维能力，更有效地引导企业在变化莫测的商业环境中保持竞争力和创新力。

（三）创造良好的企业内部环境

创造良好的企业内部环境涉及创造促进思维创新的工作氛围和鼓励创新、尊重多样性和包容失败的企业文化。这样的文化鼓励领导者和员工去尝试新的想法和方法，即使这些尝试可能不总是成功。这种文化氛围可以减少创新过程中的心理压力，使领导者和员工能够更自由地思考和探索。此外，企业还需要通过各种手段，如举办创新研讨会、提供创新资源和工具，具体支持创新活动。

创造良好的企业内部环境还包括建立有效的沟通渠道和团队合作机制，领导者的思维创新不单纯依赖个人能力，也受团队互动和组织支持的影响，企业需要促进跨部门和跨层级的沟通，鼓励团队成员分享不同的见解和经验。这种开放的沟通环境可以激发新的想法，促进知识的交流和融合。企业还应该为团队合作提供必要的资源支持，如设立专门的创新团队、提供协作平台等，以便团队成员在共同的项目中相互学习和共同进步。

（四）建立激励领导者创新的机制

激励领导者创新的机制旨在鼓励和奖励那些展示出创新思维和实践

的领导者。第一，企业可以通过明确的激励政策表彰创新成果，包括为创新思维和实践提供物质奖励或其他形式的认可。第二，对创新尝试进行鼓励，即使这些尝试没有立即带来显著的成效，这种对创新的鼓励有助于营造一个积极探索和尝试的文化氛围，使领导者感到在创新尝试中冒险和失败是可以接受的。第三，为领导者提供必要的资源支持，包括提供时间、资金、技术和其他资源，以便领导者能够实施他们的创新想法。例如，企业可以设立专门的创新基金，支持领导者在新产品开发、流程改进或市场策略等方面的创新项目。第四，企业应该提供相应的培训和发展机会，帮助领导者提升和丰富创新所需的技能和知识。

第四节 企业新观念的树立

对企业来说，要想真正实现创新，首先应当在观念上进行创新，树立新的观念，主要包括以下六点，如图 5-2 所示。

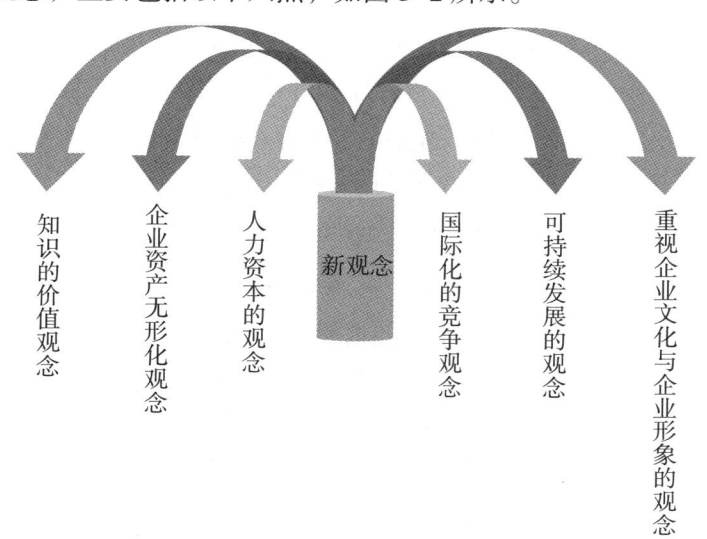

图 5-2 企业新观念

一、知识的价值观念

知识的价值观念强调知识既是企业创新的基础，也是企业维持竞争优势的关键。

第一，知识作为一种重要的资源，与传统的物质资源相比，具有独特性的特点，这种独特性使得知识成为企业区别于竞争对手的关键因素。知识应用在企业创新中，如新产品的开发、生产流程的改进以及新市场的开拓，能显著提升企业的市场地位和竞争力。企业必须重视知识的积累和应用，将其视为推动创新和发展的基石。

第二，知识的价值观念在企业文化和战略规划中发挥着重要作用。以知识为中心的企业文化鼓励持续学习和知识分享，这种文化有利于促进知识的流动和创新思维的发展，使得企业迅速适应市场变化和技术进步。在战略规划方面，将知识视为关键资源的企业更倾向于投资员工培训、研发活动和知识管理系统，这样的投资既能提高员工的能力和创新潜力，也能增强企业对外部变化的适应能力和内部创新能力。

第三，知识的价值观念还与企业的外部合作和知识网络建设密切相关。在知识经济时代，企业之间的合作越来越依赖知识的共享和转移，通过建立与其他企业、研究机构和教育机构的合作关系，企业能够获得新的知识和技能，加快创新过程。参与知识网络的企业能够从外部获取最新的行业趋势和技术发展信息，从而在市场竞争中保持先进性。所以，知识的价值观念不仅内化于企业的内部管理和文化，也扩展到企业的外部关系和知识网络建设中，成为推动企业创新和竞争优势的关键因素。

二、企业资产无形化观念

企业资产无形化观念是现代企业创新中的一个重要方向，它标志着企业从传统的物质资产依赖转向更多依赖无形资产。无形资产包括知识、技能、品牌、专利和企业文化等，这些资产在当前的商业环境中越来越成为企业竞争力的核心。与有形资产相比，无形资产难以被复制，能提供独特的竞争优势。例如，一个强大的品牌或专利技术可以为企业带来显著的市场优势。

首先，企业资产无形化的观念要求企业更加注重知识管理和创新。知识管理不只是收集和存储信息，更重要的是如何有效地利用这些知识推动企业的创新发展，这涉及对员工创新能力的培养、创新流程的优化以及知识共享的文化建设。创新不再仅仅依赖物理设备或金融资本，更依赖员工的创意和知识的应用，企业需要通过各种措施激发员工的创新潜力并优化知识资源的利用。

其次，企业资产无形化意味着企业需要建立和维护与外部利益相关者的关系网络。在知识经济时代，企业的成功越来越依赖外部合作伙伴的资源和能力，通过建立与供应商、客户、研究机构和政府机构的合作关系，企业可以获得新的资源，加快创新过程，这种合作网络成为企业无形资产的一部分，对企业的长期成功具有决定性的影响。

最后，企业资产无形化观念要求企业在战略规划和运营决策中更加灵活，适应性更强。在快速变化的市场环境中，依靠无形资产的企业能够更快地适应市场变化，快速调整战略和运营模式。这要求企业领导者具有前瞻性思维，能够识别未来的趋势和机会，并快速做出响应。可以认为，企业资产无形化不仅是资产结构的变化，更是企业管理和战略思维的重大转变。

三、人力资本的观念

在知识经济时代，人才的重要性越发凸显。以下几个方面阐述了人力资本观念对企业创新的重要性。

（一）人力资本是创新的驱动力

人力资本在企业创新中扮演着不可或缺的角色。作为企业的宝贵资源之一，员工所拥有的知识、技能、创造力以及丰富的经验构成了推动创新的基石。在不断变化的市场背景下，人力资源的重要性尤为突出，员工的创新能力可以帮助企业及时把握和利用新机遇，从而迅速适应市场的变化。员工背景的多样性也在企业创新过程中发挥着重要作用。员工来自不同的教育背景、文化环境和专业领域，这种多元化带来了多样的思维方式和解决问题的方法，不同的思维方式相互碰撞，激发出新的思想火花，有助于加速创新的过程，提高解决问题的效率和产品开发的创新性。

（二）培养和留住人才的重要性

在不断变化的商业环境中，企业的成功依赖员工技能的持续提升和知识的不断积累，企业需要制订有效的人才培养计划，确保员工的技能和知识能够跟上时代步伐，这涉及为员工提供定期的培训和学习机会，尤其学习新技术、新市场策略和先进的管理技巧等。企业还应鼓励员工参与实践项目和创新挑战，将理论知识转化为实际应用。这样的发展机会有利于提升员工的专业技能，激发他们的创新潜能，为企业带来新的成长动力。

保持关键人才对维持企业的创新能力和市场竞争力同样重要，要做到这一点，企业必须构建一个具有支持性和激励性的工作环境，这意味着企业要为员工提供具有竞争力的薪酬福利、职业发展路径和透明的激励机制与表彰制度等，确保员工感受到他们的努力和成就得到认可。为员工创造一种积极的工作氛围，包括良好的团队合作精神和尊重多元文化，也是留住人才的关键。

（三）人力资本与组织文化

支持创新的、友好的组织文化，不仅可以激发员工的创造力，还可以增强他们的参与感。鼓励开放式沟通的文化环境是创新的基础，在这样的文化环境中，员工能够自由地表达自己的想法，无论这些想法是传统的还是非传统的。这种文化环境鼓励员工提出新的思路，甚至是挑战权威的观点，从而激发创新的火花。团队合作文化对创新同样重要，通过跨部门的团队协作，可以汇集不同的知识和经验，促使在解决问题和开发新产品的过程中产生更全面和创新的思维。风险承担也是创新文化的一个重要方面，企业需要创建一个安全的环境，让员工敢于尝试新事物，即使这些尝试不总是成功。

企业领导者在塑造支持创新的、友好的文化中扮演着至关重要的角色，领导者要通过制定政策支持创新，更重要的是通过自己的行为和决策展示对创新的承诺。领导者应作为创新的典范，亲自参与创新项目，积极寻求新的思维方式和解决方案，积极认可和奖励那些表现出创新能力的员工。通过这些行为，领导者可以在组织中树立积极创新的价值观，激励所有员工积极参与创新过程。

（四）人力资本与技术变革

在技术迅速发展的当今时代，人力资本的适应性和灵活性对企业格外重要。随着新技术的不断涌现，企业必须确保员工的技能能够与这些技术变革保持同步。为了实现这一目标，企业更加重视技术培训和终身学习，这意味着企业要提供必要的技术培训，以使员工能够有效地掌握最新的技术，使用最新的工具，还要鼓励员工持续学习和适应新的工作方式。例如，随着人工智能和自动化技术的发展，员工可能需要学习如何与智能系统协同工作或管理自动化流程，这种持续学习有助于提高员工个人的竞争力，也有助于确保企业能够在技术进步的浪潮中保持领先地位。

人力资本的发展还应与企业的长期战略目标保持一致。企业需要具有前瞻性眼光，科学预见未来技能的需求，并根据这些预测调整人才战略。这意味着企业要重新定义必要的技能集合、调整招聘标准或开发新的职业发展路径，以适应未来市场的需求。例如，如果企业未来几年将重点发展某一新兴市场或技术领域，那么提前培养具备相关技能的员工将是至关重要的。通过战略性人才管理，企业能够更好地应对未来的挑战，并将人力资本作为一种战略资源，推动企业实现长期发展。

四、国际化的竞争观念

国际化的竞争观念既能改变企业在全球市场中的自我定位，也影响企业的经营策略和创新方向。

国际化的竞争观念要求企业突破国内市场的局限，将视野扩展到全球范围，这意味着企业需要考虑更广阔的市场环境，包括不同国家和地区消费者的需求、文化特点以及市场规则。例如，在国内市场非常受欢迎的产品和服务，要推广到国际市场上，可能需要进行适应性调整才能满足不同地区的特定需求。所以，国际化的竞争观念要求企业在产品设计、市场策略和品牌定位等方面进行创新，以满足多元化的市场需求。

国际化的竞争观念意味着企业需要关注全球供应链和合作网络的建设。在经济全球化背景下，有效的供应链管理和跨国合作成为企业获得竞争优势的关键，这包括寻找成本效益高的供应商，构建稳定、可靠的合作伙伴关系以及充分利用国际资源和专业知识。例如，与海外研发团队或合作伙伴的协作可以加速产品创新和技术改进，提高企业的国际竞争力。

国际化的竞争观念还要求企业在组织结构和管理模式上进行创新。随着业务向国际市场的扩展，传统的中心化管理模式可能不再适用，企业需要更加灵活和去中心化的组织结构，以更好地适应不同市场的动态变化。与此同时，跨文化管理能力成为企业领导者需要具备的重要素质，他们需要理解和尊重不同文化背景下的业务实践和员工行为。

国际化的竞争观念强调持续学习和创新能力。在全球市场中，企业不仅要面对来自本国的竞争，还要应对来自其他国家和地区的竞争对手，这要求企业不断学习新的知识和技能，持续创新其产品、服务和业务模式，以保持在国际竞争中的领先地位。通过持续学习和创新，企业能够更好地适应全球市场的变化，把握国际发展的机遇。

五、可持续发展的观念

可持续发展的观念要求企业在运营和创新活动中考虑环境的影响，通过创新减小对自然资源的依赖，减少废物排放，降低对环境的负面影响。例如，许多公司正在转向使用可再生能源，开发更高效的生产流程，或设计可回收的产品，这种对环境的关注符合越来越严格的法规要求，也是对公众日益增强的环保意识的响应。从长远来看，这种对环境的关注有助于企业建立一个更加积极和负责任的品牌形象。

可持续发展的观念也涉及企业对社会责任的承担。企业不仅是经济活动的参与者，也是社会成员，因此企业在其经营管理中应考虑到一些决策对社会的影响，包括确保其供应链透明、提供公平的就业机会、参与社区服务等。例如，企业可以参与当地的教育项目，支持社区发展计划，或者为员工提供志愿服务机会。通过这些活动，企业不仅能够改善其社会形象，还能够增强在员工和消费者心中的信任度。

可持续发展的观念还鼓励企业在长期战略规划中考虑经济、环境和社会三方面的平衡，这意味着企业需要开发那些经济上可行，同时对环境和社会有益的创新产品和服务。例如，企业可以投资绿色技术，如清洁能源、水资源管理和可持续材料；企业也需要确保其经济增长不是建立在消耗自然资源或剥削劳动力的基础上的。通过将可持续发展作为核心战略的一部分，企业可以在未来的市场竞争中获得更大的竞争优势。

六、重视企业文化与企业形象的观念

（一）重视企业文化

企业文化在塑造企业形象和推动企业创新中起着决定性作用。企业文化是指企业在长期发展过程中形成的一系列核心价值观、行为准则、工作方式和内部环境。积极的企业文化可以激发员工的创造力和参与感，促进团队合作，增强组织凝聚力。例如，鼓励创新、拥抱变化的文化环境会使员工更愿意尝试新思路和新方法，从而促进新产品和服务的开发。良好的企业文化还可以吸引和留住优秀人才，而这些人才是企业创新的关键，在良好的企业文化的支持下，他们更可能感到满意，并将这种满意直接反映在他们的工作表现上。

（二）重视企业形象

企业形象不仅是企业标识和广告宣传的外在体现，更是企业价值观、使命和愿景的集中展现。积极的企业形象可以增强客户对企业的信任，以及对品牌的认知度和忠诚度。例如，企业通过展现其对可持续发展的承诺或社会责任的践行，可以吸引那些注重企业责任的消费者。良好的企业形象也有助于企业与其他企业建立合作关系，这对资源共享、技术交流和市场拓展至关重要。因此，企业需要通过各种渠道和活动积极塑造和传播其形象，包括质量过硬的产品和服务、负责任的市场行为以及有效的公关和市场营销策略。

第六章　企业创新管理模式

第一节　开放式创新

一、开放式创新产生的背景

在传统观念中，创新被视作企业发展的核心动力，但创新被认为最好由企业独立完成，以确保技术秘密的保护和独有利益的获得，从而在技术领域保持领先地位。人们普遍认同内部研发是企业增强核心竞争力、保持市场优势的关键战略资源，因此，具备雄厚技术和资金实力的大型企业通常会聘请世界级的科技人才，并为他们提供优越的薪酬、先进的研发设备和充足的研究经费，来开展广泛的基础和应用科学研究。这些科技人才的创新思维和研究成果成为企业发展的原动力，企业依靠内部力量独立研发这些成果，通过精心设计和制造，将其转化为新产品，并通过自有的销售渠道将产品推向市场进行商业化，由此获得可观的利润。随后，企业再将部分利润重新投入内部研发中，进而实现技术上的进一步突破，形成一个持续的创新正循环。

到了 20 世纪末，企业创新的环境开始出现显著变化，即便是全球知名的行业巨头，它们在研发上的投资回报率也日益降低。技术转化的难度加大，很多高质量的研究成果并不适合现有业务，导致大量技术被搁置，而真正的突破性创新较为罕见，多数创新只是小步渐进。

意外的是，一些原本即将被放弃的项目后来转化为颇具影响力的新产品。以研华科技为例，该公司原本计划放弃 LED 技术开发，但这一技术最终在多屏时代成为公司的一个重要盈利增长点。研华科技自 20 世纪 90 年代初就开始开展 LED 显示屏的研发，初期进展缓慢，甚至公司高层管理团队考虑过终止这一业务。然而，公司创办人坚持自己的观点，保留了部分核心研究团队。这一决策使公司在多屏时代到来时迅速把握住了市场机遇。同时，传统的领先企业也面临着来自众多新兴企业的挑战，这些新兴企业虽然在基础研究方面能力有限，但展现出了强大的创新能力，它们能够在其他企业的研究成果基础上进行二次创新和快速迭代，从而在市场中占据一席之地。这种模式的成功表明，企业创新不仅是单一独立的内部过程，而且需要灵活运用快速适应市场变化的综合策略。

在同一产业领域内，思科和朗讯这两家公司的创新模式展现出了显著的差异。脱胎于 AT&T（美国电话电报公司）的朗讯继承了贝尔实验室的丰富资产，继续对其实验室进行大量投资，专注于探索新材料、先进组件和系统，致力于基础研究。与之相对的是，作为一家新兴企业，思科缺少与贝尔实验室相当的内部研发资源，但在创新能力上能与之匹敌，甚至在市场竞争中不时超越朗讯。思科之所以能取得这样的成就，并非依赖内部研发，而是采用了一种不同的创新策略：在全球范围内寻找并购买所需技术，积极参与或投资有前景的初创企业，其中不少是由 AT&T 的员工创立的。通过这种模式，思科能够利用全球最优秀的产业研发机构的成果，而无须承担内部研发的风险。

封闭式创新模式正面临越来越多的挑战，随着知识的快速传播、高级人才的广泛流动、风险资本的盛行，企业越发难以完全控制其独有的创意和专业技术，迫使企业必须加速新产品的开发和商业化过程。在这种情况下，研发人员可能会借助风险资本独立创业，将他们的研究成果商业化，而不再是在企业内部等待其研究成果被转化为新产品，这种变化导致企业内部的知识和技术无偿流向外部，企业巨额的研发投资不再像过去那样能够产生预期的高价值。结果是，原本的创新良性循环被打破，企业面临着新的挑战和创新模式的调整需求。

在知识经济时代，传统的封闭式创新模式已不再适应企业获得竞争优势的需求，开放式创新成为越来越多企业的选择。一些知名公司已经成功实施开放式创新，并从中受益。如今，企业单靠内部资源进行高成本的创新活动，往往难以满足迅速变化的市场需求和应对日益激烈的竞争环境。开放式创新涉及与外部资源的合作、共享和共创，能够使企业更加灵活和高效地响应市场变化，逐渐成为企业创新的主流模式。

二、开放式创新的定义

开放式创新指的是企业为加速内部创新和扩展创新的外部应用市场而使用内外部知识流。[①] 通过该定义可以看出，在开放式创新中，跨越组织边界的内外部资源的流动及各种资源的内部化和外部化同时存在。与之相反的是，封闭式创新强调对组织内部资源和知识的依赖，企业要想进一步发展，应当依靠自身的资源和能力。开放式创新和封闭式创新的模式具体如图 6-1 和图 6-2 所示。

① 杨建君．高级管理学 [M]．西安：西安交通大学出版社，2021：412.

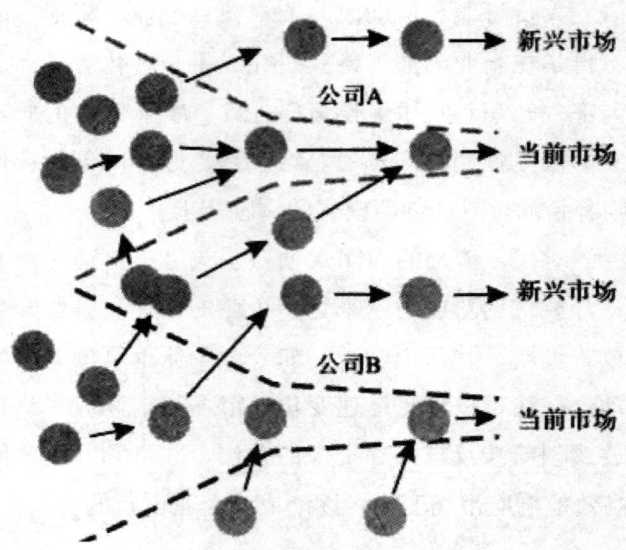

图 6-1　开放式创新模式

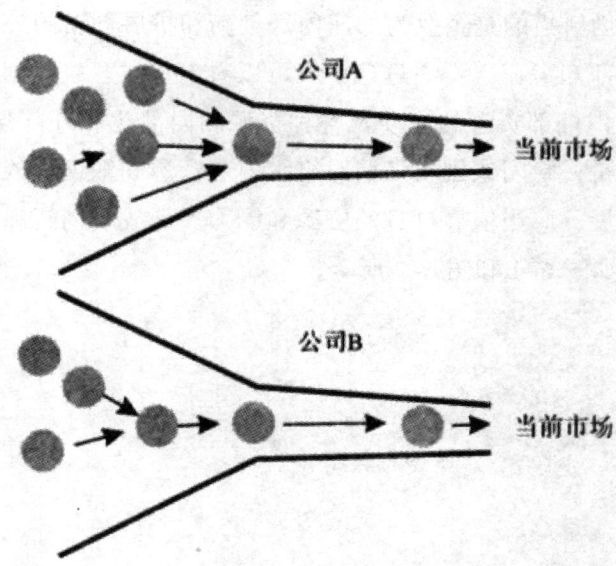

图 6-2　封闭式创新模式

三、开放式创新的模式

（一）搭建平台型

搭建平台型通过建立一个共享的、互动的平台，让不同的参与者共同贡献和受益于创新过程。

1.搭建一个开放、互动的平台

开放、互动的平台能够吸引并集合各方力量，包括研发机构、供应商、客户，甚至是竞争对手。通过这个平台，各方可以分享知识、技术和市场信息。例如，企业可以通过线上平台提供应用程序接口或软件开发工具包，使外部开发者能够基于其现有技术或服务创造新的应用或解决方案。这样的平台不仅促进了创新的发生，还加速了新产品或新服务的开发过程。

2.共创和协作

不同于传统的内部研发模式，该模式鼓励开放的思想交流和跨界合作。企业可以通过定期举办创新挑战赛、研讨会或网络论坛等活动，激发外部参与者的创新热情，通过这种协作，企业不仅能够接触到前沿的思维和技术，还能够借助外部力量，更好地了解市场需求，从而设计出更符合市场趋势的产品或服务。

3.具备灵活和适应性强的管理能力

在这种模式下，企业必须能够快速响应市场变化，适应不断变化的外部条件，这就要求企业在组织结构、运营流程和文化建设上进行相应调整。例如，企业需要建立更灵活的决策机制，以便快速整合外部资源和反馈。同时，企业需要培养开放的企业文化，鼓励员工与外部合作伙伴有效沟通和协作。

但平台型开放式创新模式也带来了一定的挑战，如如何保护知识产权、如何平衡各方利益和如何维护平台的可持续发展。企业需要制定明确的规则和政策，保护合作过程中产生的知识产权，并确保所有参与者都能从中获得合理的回报。此外，维护平台的健康、活跃也是企业的重要职责，这需要企业不断投入资源，保持平台的活力和吸引力。

海尔就是个很好的例子。深入审视海尔近年推出的智能家居产品，如海尔星盒、空气魔方、无压缩机酒柜等，均体现了开放式创新理念。以海尔空气魔方为例，它是全球首款可模块化组合的智能空气处理产品，具备加湿、除湿、空气净化和香薰等多种功能模块，用户可以根据自己的需求自由组合这些模块，创造出专属于个人家庭的"空气圈"。这种创新提高了产品的灵活性和个性化程度，也展示了海尔在智能家居领域的创新能力和对消费者需求的深刻理解。

（二）外部引流型

外部引流主要指企业通过引入外部资源和能力来加速发展自身的创新过程。

外部引流型开放式创新的核心是将外部的新思想、技术、流程或商业模式引入企业内部，这涉及外部网络构建，如与其他公司、研究机构、大学以及独立研发团队的合作。合作模式可以是合资企业、研发合作、技术共享或是知识交流。例如，企业可以与学术机构合作进行科学研究，或与其他公司共同开发新产品。这种模式的优势在于，企业可以利用外部的专业知识和技术，快速进入新的技术领域或市场，而无须自行承担全部研发风险和成本。这种合作还有助于企业获得新的研究视角和思维方式，从而更好地应对市场变化和技术进步。

外部引流型开放式创新强调企业内外部资源的有效整合。企业需要具备灵活的管理策略和开放的组织文化，以便将外部资源有效地融入内部运营，包括调整内部流程以适应外部合作，建立跨部门的项目团队以确保知识和信息在组织内部得到有效传播。例如，企业可以建立专门的部门管理与外部合作伙伴的关系，或创建跨职能团队实施合作项目。企业还需要培养员工的跨文化交流能力和团队合作精神，以便他们能够在多元化的工作环境中更有效地工作。

企业在采用外部引流型开放式创新模式时，也面临一定的挑战。例如，如何保护知识产权，如何平衡不同合作伙伴的利益，以及如何评估和选择合作项目。因此，企业需要制定明确的合作规则和标准，确保所有参与方的利益得到妥善保护。企业也需要建立有效的项目评估和管理机制，以确保外部合作能够真正为企业带来创新价值。企业还需要具备较高的战略规划能力，能够清晰地识别外部合作机会和潜在风险，并根据自身的长期发展战略进行选择。这既涉及对外部技术和市场趋势的分析，还包括对企业自身能力和需求的深入理解。通过有效整合内外部资源，企业可以在激烈的市场竞争中保持领先地位，不断实现创新发展。

（三）并购整合型

并购整合涉及企业通过合并或收购外部企业来获得新的技术、产品或市场渠道，从而加速自身的创新步伐。

该模式的显著特点是通过直接并购拥有期望技术或产品的公司来实现创新，这种做法不同于传统的自我研发，它更加迅速和直接，使企业能够立即获得成熟的技术或产品。例如，一家专注于某项特定技术的小公司已经开发出了市场急需的创新产品，大公司可以通过收购这家小公司，立即获得这项技术，并省去了自行研发的时间和费用。不仅如此，大公司还可以获得这家小公司已建立的客户基础、专业团队和运营经验。

并购整合型的开放式创新要求企业具备良好的市场洞察力和战略规划能力，能够准确识别那些具有潜力的目标公司，并制定合适的并购策略。这涉及财务和市场分析，以及对目标公司文化和运营模式的评估。成功的并购不只是买下一个公司，更重要的是将其融入现有的业务中，实现资源、技术和人才的有效整合。另外，这种模式对企业的整合能力提出了更高要求，并购后如何将新获得的资源和原有业务有效整合，包括技术和产品的融合，以及人员、企业文化和管理流程的整合，是这种模式成功与否的关键。在整合过程中，企业可能面临多种挑战，如文化冲突、组织重构和市场重新定位。对此，企业需要有一套成熟的整合计划，以确保并购后能够顺利过渡，实现 1+1>2 的效果。

并购整合型开放式创新模式也具有一定风险，如并购的成本通常较高，如果整合不成功，会面临巨大的经济损失；市场和技术的快速变化可能导致并购的目标公司的技术或产品迅速过时。企业在采用这种模式时，需要仔细评估风险，并制定相应的风险管理和应对策略。通过审慎的选择、有效的整合和适时的调整，企业可以利用并购整合型模式加速其创新进程，增强市场竞争力。

在采用并购整合型开放式创新模式的企业中，思科是典型的代表。自创立以来，思科收购了一百多家公司，对于人才流失和再利用，思科的策略是倘若有人愿意出去创业，并且公司认可他们要创业的内容是可行的、有价值的，就会出资帮助员工创业，但员工创业成功时，思科有权优先收购；如果创业失败，思科顶多赔上一些风险投资，并没有其他风险和负担。

（四）身份置换型

身份置换型开放式创新模式允许企业突破传统的业务边界和角色限制，通过与其他组织互换角色，增强创新能力。例如，一家传统制造企业可以通过与科技公司的合作，将自身从纯制造者转变为技术创新者。这种模式通常涉及跨行业合作，其中每个参与方都可以从对方的专长中受益。在这种合作中，企业可以获得对方的专业知识、技术等，同时分享自己的资源、渠道或制造能力。

身份置换型开放式创新模式需要企业具备开放和灵活的思维模式，愿意探索新的业务领域，勇于尝试非传统角色，从而实现新的价值创造。

这种模式也要求企业管理层具有前瞻性眼光，能够识别并利用跨行业合作的机会。例如，一家专注于消费电子的企业可以通过与医疗保健公司的合作，将其产品应用到医疗设备中。在这个过程中，企业既获得了新的市场机会，还通过合作伙伴的专业知识增强了自身产品的竞争力。

身份置换型开放式创新模式还要求企业在组织管理和文化建设上进行调整。为了有效地与其他行业或领域的组织合作，企业需要建立跨部门和跨职能的协作机制，以便快速整合外部的知识和资源。企业文化需要更加强调多元化和协作，鼓励员工开放思维，接受和学习与企业传统业务不同的新概念和新方法。

与上述几种模式一样，身份置换型开放式创新模式也存在一定的挑战。企业需要在保持自身核心竞争力的同时，学习合作伙伴的业务，适应合作伙伴的文化，这可能需要企业对自身的运营流程、技术平台甚至是文化进行重大调整。企业还需要能够有效管理与合作伙伴之间的关系，平衡各方利益，确保合作的长期稳定和双方的共同成长。通过身份置换型开放式创新模式，企业可以打破行业壁垒，与不同领域的组织合作，共同探索和开发新的市场机会。

第二节　逆向创新

一、逆向创新的内涵

逆向创新，又称反向创新，是一种在发展中国家首先实现并逐步影响发达国家的创新模式，它代表着自下而上的创新策略。在经济全球化的背景下，企业首先在发展中国家进行产品创新，以这些国家用户的需求为依据，或借鉴当地企业的实践，进而开发出可服务全球市场的产品或商业模式。相对于逆向创新，全球本土化则是发达国家企业在将现有产品推向全球市场时，根据各地消费者的习惯进行产品调整的过程，目的是更好地适应发展中国家市场的需要。

对于发达国家和跨国公司来说，新兴市场中蕴藏着丰富的创新机会，为了在激烈的全球竞争中保持竞争力，这些公司的领导者和创新者需要密切关注发展中国家的需求和机遇。逆向创新成为他们的一项重要选择，这种创新模式打破了传统观念，即发达国家的人们可能会对发展中国家的创新产生需求，尽管这种需求可能是新颖的、意外的或长期被忽略的。发达国家的某些需求可能没有得到充分满足，而针对发展中国家的创新可能为发达国家带来新的价值。

从发展中国家的角度看，发达国家企业的扩张远非简单的地理扩散，它们还深入了解新兴市场的需求、技术以及形成这些需求和技术的社会背景和产业基础。了解这些因素对在新兴市场取得成功至关重要，这种逆向创新的策略有助于企业在全球市场中获得竞争优势，还可能引领全新的市场趋势和消费模式。

催生逆向创新的五大需求差异：性能差异、基础设施差异、可持续差异、监管差异和偏好差异，具体内容如表 6-1 所示。

表6-1 催生逆向创新的五大需求差异

需求差异	描述	含义	例子	趋势
性能差异	发展中国家的用户收入较低，但渴望创新，以最低的价格得到最体面的性能	以 15% 的价格换取 50% 的性能	诺基亚手机	创新将提高产品性能，让发达国家的用户也对产品产生兴趣；发达国家用户开始慢慢考虑超低价的产品

（续　表）

需求差异	描述	含义	例子	趋势
基础设施差异	发达国家有非常完备的物质性基础设施，而新兴经济体经济发展所需要的基础设施仍在建设中	发展中国家正是因为基础设施的缺乏而促进了具有创造性的解决方案的诞生；新兴经济体基础建设者可以马上采取前沿的解决方案	在保健设施缺乏的情况下，便携式心电图仪在印度得到应用；在没有普及固定电话的情况下，印度乡村直接搭起了无线基础设施	发达国家陆续更换陈旧的基础设施
可持续差异	发展中国家面临着严重的可持续发展问题	新兴市场渴望找到"绿色环保"的解决方案，很有可能直接跨越到下一代的环保技术	中国电动汽车	发达国家将会面临可持续发展的压力
监管差异	新兴市场的监管系统不甚完备，有时可能会为创新提供有益的帮助，不会招致太多延误	新型产品可能首先在发展中国家得到应用	全民诊断公司	发达国家政府最终产生新的技术或者修改监管要求
偏好差异	每个国家的客户都有独特的喜好和品位	创新需考虑各国客户之间的区别	印度扁豆食品的流行	发达国家的客户受到发展中国家客户的影响

　　逆向创新的过程并非仅由发达国家的企业推动，发展中国家的企业也在这一过程中发挥着积极作用。因此，一些来自发达国家的管理者已经就逆向创新的经验发表了见解，提醒发达国家的企业关注这一新的创新通道。逆向创新既是一种新的市场机会，也是一种潜在的竞争威胁，发达国家的企业需要认识到这一点，以便更好地应对来自发展中国家企业的竞争。

二、逆向创新的价值

逆向创新对企业来说具有诸多价值，主要表现在以下五点。

（一）降低新产品开发成本，规避开发风险

在传统的创新模式中，企业往往需要投入巨额资金进行产品研发，既耗费时间，也伴随着高风险。相比之下，逆向创新是从已在发展中国家市场验证成功的产品或服务出发，进行适应和改进，使其适合全球市场，尤其是发达国家市场。逆向创新利用产品已经过实际应用和消费者测试的优势，当这些产品转向发达国家市场时，企业可以减少在基础研发上的投入，只需专注于改进和定制产品以满足更广泛市场的需求。因此，逆向创新可以有效降低新产品开发成本，规避开发风险。

（二）缩短产品研发周期，快速响应市场

逆向创新通常是基于已在发展中国家市场得到验证的产品或服务进行的，这些产品或服务经过实际市场的考验，已经具备了一定的成熟度，当企业采用这些已得到验证的产品或服务时，可以显著减少从零开始的研发时间。利用逆向创新，企业能够直接从一个相对成熟的产品或服务出发，避免了从基础研究和概念验证开始的漫长过程，这种方法让企业能够快速进入细节设计和市场适应性改进阶段，加速产品从设计到市场的整个流程。逆向创新还能使企业更敏锐地捕捉到全球市场的动态变化，快速对市场需求做出反应，尤其在经济全球化的背景下，这种能力对保持企业的竞争优势至关重要。

（三）加快市场覆盖速度，增强企业的反应能力和适应性

逆向创新，能够帮助企业快速适应和满足全球市场的需求。

1.逆向创新有助于快速扩展市场覆盖

当创新产品已经在发展中国家市场测试并获得成功时，它们具备了更强的市场适应性和更广泛的受众基础，当这些产品被引入全球市场，尤其是发达国家市场时，能够快速打入新市场，加快全球市场覆盖速度。

2.增强企业的反应能力和市场适应性

在逆向创新的驱动下，企业被激励采纳更加精练的产品开发流程，相比于传统的、周期较长的研发流程，逆向创新倡导更快速的迭代和改进，促使产品迅速从概念阶段进入市场，这种快速的产品开发流程既缩短了时间窗口，还能够使企业灵活调整产品以适应新兴市场的特定需求。此外，逆向创新还促进企业采用更加灵活的市场策略，密切关注和理解发展中国家的市场需求，快速捕捉新的市场机会，并据此调整其全球市场策略。

（四）通过系列化设计等工具，丰富产品服务

1.允许企业利用系列化设计

系列化设计旨在通过在基本设计框架下变更或添加特定功能，创造出一系列相似但功能各异的产品。例如，一个成功的产品设计可以根据不同市场的特定需求进行调整和扩展，从而生成一系列产品，满足不同消费者群体的需求。这种策略提高了企业对多元市场的适应性，并有助于更广泛地渗透市场。

2.促进企业采用灵活的设计和生产工具

通过采用灵活的设计和生产工具，产品能够更加符合目标市场的特殊需求。通过了解目标市场的具体需求和偏好，企业可以调整其产品设计，使之更加贴合这些市场的实际情况。这种定制化的方法既增强了产品的市场吸引力，还提升了消费者的满意度。

（五）贴近客户需求进行开发，提升客户满意度

在逆向创新的过程中，企业需要密切关注目标市场的客户需求，尤其是那些未被充分满足的需求。这种需求导向的创新策略能够使企业开发出更加符合市场实际需求的产品和服务，在竞争激烈的市场中获得优势。逆向创新鼓励企业在产品开发过程中进行持续的市场反馈，并将客户反馈的建议融入产品设计，从而更精准地定位其产品和服务，确保它们能够更好地满足目标市场客户的特定需求。由于逆向创新强调对新兴市场的深入理解，企业应在产品设计时考虑更多的文化和地域特性，从而提供更具个性化和差异化的解决方案，这种细致入微的市场适应策略有助于提升全球客户的满意度，增强他们对企业品牌的忠诚度，进而增加企业产品的市场份额。

三、逆向创新的行动原则

企业在进行逆向创新时应当遵循以下四个原则，如图 6-3 所示。

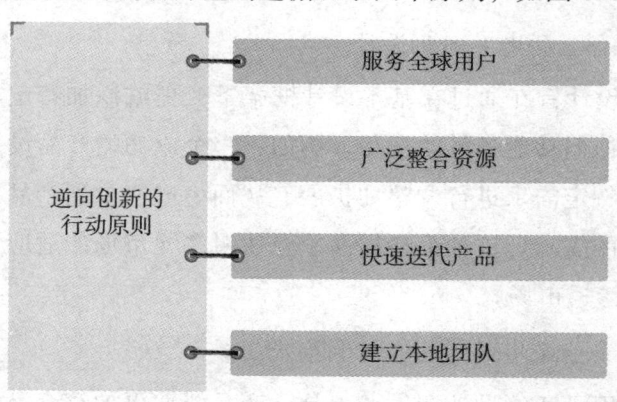

逆向创新的行动原则

服务全球用户

广泛整合资源

快速迭代产品

建立本地团队

图 6-3　逆向创新的行动原则

（一）服务全球用户

服务全球用户意味着企业需要在创新过程中考虑多元化的市场需求。

逆向创新通常始于对发展中国家市场的深入理解，但为了使产品和服务能够跨越文化和地域的限制走向更广阔的市场，企业需要调研和分析不同市场的特性和消费者习惯。这种多元化的市场洞察能够使企业在产品设计和服务提供上采取灵活多变的策略，满足不同地区用户的特定需求。例如，企业可以通过调整产品的功能、设计或营销策略，确保产品在不同市场中都具有吸引力。服务全球用户还意味着企业需要具备全球视野和创新能力，企业既要在技术和产品上创新，还需要在全球营销、跨文化沟通和国际品牌建设上寻找创新方法，通过跨文化团队的合作和多元化的市场策略，企业能够更好地应对全球市场的复杂性和动态性。企业还需要关注国际法规和不同国家的文化，确保产品和服务符合不同地区的法律和文化要求，从而在全球市场上取得成功。

（二）广泛整合资源

广泛整合资源意味着企业需要确保其研发团队具备跨领域或跨专业的知识，以便在设计新产品或服务时能够考虑到各种可能的市场需求和技术挑战，同时充足的资金和人力资源是保证创新项目顺利进行的基础。有效的内部资源整合包括优化企业内部流程和组织结构，以提高创新效率和响应速度。例如，企业可以通过建立跨部门的创新团队，或者改进知识共享和决策机制，支持逆向创新项目。外部资源整合对逆向创新同样至关重要，外部资源整合涉及与市场研究机构、合作伙伴、供应商甚至竞争对手的合作。在逆向创新中，了解目标市场的实际需求和文化特性是必不可少的，这往往需要通过与当地企业的合作来实现。而利用外部技术平台和创新生态系统的资源可以加速产品开发和测试过程，提高创新成果的市场适应性。例如，企业可以利用外部的技术孵化器或共享研发平台来加快自身新产品的开发。

（三）快速迭代产品

在快速迭代产品的过程中，企业需要建立灵活、高效的产品开发流程，这意味着从初步的产品概念到最终的市场推出，每个阶段都需要建立高效、快速的反应机制。企业在初期阶段应快速构建原型，并对其进行初步的市场测试，收集用户反馈，这种迅速的原型开发和测试能够及时揭示产品设计的不足，为进一步的改进提供依据。随后，在产品开发过程中，企业需要不断调整和优化设计，以应对用户需求的变化和市场趋势的发展。

快速迭代产品还意味着在产品推出后，要持续对产品进行改进，这需要企业持续收集市场反馈，并将反馈迅速融入产品升级和改进中。该做法不仅有利于提高产品的市场竞争力，还有利于增强企业对市场动态的适应能力。快速迭代产品能确保企业及时应对市场变化，持续提供符合用户需求和期望的产品。

（四）建立本地团队

本地团队能够为企业提供关键的市场信息和文化理解。该团队由当地员工组成，他们对本地的市场环境、消费者行为和文化习惯有着直接的了解和深刻的认识。这种内部视角对设计和开发适应本地市场的产品至关重要。例如，本地团队可以识别特定于当地的消费者需求和偏好，指导产品的定制化和本地化策略。并且该团队还可以帮助企业在当地建立品牌形象，并与消费者建立信任感和亲近感。本地团队的存在还能增强企业对市场变化的响应能力，由于距离本地市场更近，本地团队可以迅速捕捉市场动态和消费者反馈，为企业提供及时的信息和建议，在快速变化的市场环境中，这种及时的反馈机制能够使企业快速调整策略，及时对市场变化做出反应。

四、逆向创新核心能力的构建

（一）敏锐的市场捕捉能力和对产品的辨别能力

敏锐的市场捕捉能力和对产品的辨别能力能够使企业快速识别并响应新兴市场的需求变化。在逆向创新过程中，对市场动态的敏锐洞察是识别潜在创新机会的关键，企业需要不断监测市场趋势、消费者行为和竞争对手动态，以便及时调整其产品和服务，满足市场的实际需求。例如，手机制造商在发展中国家市场推出的功能更为简洁、价格更加亲民的手机产品，就是基于对该市场消费能力和实际需求的准确把握。

此外，对产品的辨别能力也是构建逆向创新核心能力的重要方面，这涉及对现有产品性能和设计的深入理解，也涉及对市场上新兴需求和技术趋势的敏感捕捉。企业必须能够区分哪些产品特性对目标市场至关重要，哪些则不是。这种辨别能力有助于企业在资源有限的情况下，合理分配研发投入，确保创新项目能够最大限度地满足市场需求，提高投资回报率。举例来说，当家电制造商发现，在某些发展中国家市场，能耗低和耐用性强比高端功能更受消费者欢迎，其则会在产品设计上做出相应调整，更加注重基础性能的提升和成本控制。

（二）精准反向测绘与模型重构能力

精准反向测绘能力的关键在于企业能够有效地从现有产品或服务中提炼出关键元素，并将其应用于不同的市场。这种能力要求企业对产品的核心价值和功能有深刻理解，能够识别哪些元素是在全球范围内普遍适用的，哪些需要根据特定市场进行调整。例如，某个成功的产品或服务为满足特定的市场需求可能需要简化其功能，降低成本，或改变其用户界面以适应不同的文化习惯，这一过程涉及对产品或服务的深入分析，以及对目标市场需求的准确理解。

模型重构能力则是在精准反向测绘的基础上，根据不同市场的特定需求重构产品或服务模型。这要求企业具备强大的市场研究能力，以及灵活的产品开发流程和创新技术应用的能力。模型重构不仅仅是简单地调整现有产品，而且是在保留产品核心价值的同时，对产品进行根本性的创新，包括新技术的采用、设计理念的更新，甚至是完全不同的用户体验的创造。例如，企业可能需要开发更加符合当地消费者习惯和使用环境的产品版本，或者为了满足特定市场的价格敏感性，对产品进行成本优化和功能简化。

（三）高效实现创新产品量产的能力

这一能力体现在企业如何将创新理念快速转化为实际产品，并确保这些产品能够在市场上大规模生产和销售。企业需要在研发阶段就高度重视产品生产的可行性和规模化生产潜力，考虑到制造工艺的选择、材料的可获得性以及成本控制等因素，以便加快产品从概念到销售的转化速度，确保一旦产品获得市场认可，企业能够迅速响应市场需求，提高市场占有率。

量产能力的构建还涉及企业内部流程的优化以及与外部供应链的紧密协作，企业需要拥有高效的生产流程和灵活的供应链管理系统，以满足快速变化的市场需求和潜在的生产规模扩张。企业应当通过持续的技术创新和流程改进，不断提高生产效率和产品质量，降低生产成本。例如，通过采用先进的制造技术和自动化设备，企业可以提升生产效率，更快地满足市场对新产品的需求。同样，与供应商的紧密合作也能确保原材料供应的稳定性和成本效益，支持大规模生产。

（四）标准化、系列化基础构建能力

在标准化方面，企业需要开发一套统一的设计和生产标准，这些标准不仅要适应当前的市场需求，还要能够迅速适应未来市场的变化。

这要求企业在设计阶段就考虑到产品的适应性和可扩展性，以使在不同市场或不同应用场景下，能够通过简单调整或增减产品功能来满足不同的市场需求。例如，在电子产品领域，企业可以开发模块化的设计，允许产品通过更换关键组件来满足特定的功能要求或符合特定的法规标准。

系列化的产品开发则是企业逆向创新的另一个关键环节。通过系列化的产品开发，企业能够基于一个共同的核心概念或技术平台，开发出一系列不同版本的产品，这些产品虽然在某些特性上有所不同，但在设计理念、用户界面或关键技术上保持了一致。这种方法可以减少研发和生产成本，还能提高品牌识别度，加强客户忠诚度。在汽车行业中，同一汽车制造商通常会基于同一平台，开发出多款不同定位的车型，来满足不同客户的需求。

（五）基于产品数据驱动的研发管理能力

一方面，这一能力要求企业能够有效收集、分析和利用各类产品数据，包括市场反馈数据、用户行为数据、产品性能测试结果等，并以此为基础指导产品的设计和改进。基于产品数据的研发管理能力能够使企业在整个产品生命周期持续优化产品设计，通过分析用户反馈和市场数据，识别产品的关键改进点，针对特定市场需求进行快速迭代和调整。例如，通过对用户使用习惯的分析，企业可以发现产品设计中的潜在问题，及时进行调整以提升用户体验。这一能力还能帮助企业预测市场趋势，更准确地定位新产品的研发方向。

另一方面，基于产品数据的研发管理能力还涉及高效的内部决策和资源分配。在数据驱动的管理体系下，企业能够更客观地评估各个研发项目的优先级和资源需求，确保资源能够集中用于最有潜力的创新项目。通过实时监控产品性能数据和市场动态，企业可以快速调整研发策略和资源配置，进而提高研发投资的回报率。例如，若市场数据显示消费者对某一技术领域的需求增长迅速，企业可以迅速增加对该领域的研发投入，加快相关产品的开发进程。

（六）基于平台化的模块构建能力

基于平台化的模块构建能力的关键在于企业能够高效地利用模块化设计和平台化思维加速产品的研发和市场推广。模块化设计指的是将产品分解为独立的、可交换的模块，每个模块执行特定的功能，而平台化思维强调在一个共同的基础架构或平台上开发和集成这些模块。通过模块化设计，企业可以快速调整或升级产品的特定功能，而无须重新设计整个产品，这样既能降低产品的开发成本，也能提高产品对市场变化的适应性。例如，在智能手机行业中，不同的功能模块（如相机模块、处理器模块）可以在不同型号的手机中互换使用，这不仅简化了制造流程，也使产品升级更加容易。

基于平台化的模块构建能力要求企业能够在统一的平台上集成不同模块，创造更加丰富和多样化的产品组合。这种平台化策略促使企业有效利用已有的技术资源，开发出系列化的产品，来满足不同市场细分领域的需求。这不仅有助于快速扩展产品线，也有助于降低研发风险。例如，汽车制造商可以基于同一平台设计多种不同类型的汽车，每种车型都可以根据市场需求进行快速的功能调整和风格更换。

第三节　绿色创新

一、绿色创新的内涵

工业革命以后，环境问题逐渐成为全球关注的焦点。众多国家开始提升环境标准以应对环境污染问题，但很快人们认识到，仅仅依靠末端的治理措施是不足以解决根本问题的。这些措施虽然在一定程度上减少了污染物的排放，但环境管理的重点并未深入生产过程中，对资源使用效率和原材料消耗的关注不足。环境污染问题需要从系统工程的角度出发，通过理解物质和能量在自然界及人类社会中的转换和流动规律，有效地进行资源利用、废弃物管理和污染防治。因此，环境保护的焦点从污染治理逐渐转向了污染预防，关注点也转向了绿色流程、技术和产品的开发与应用，即绿色创新。

绿色创新是企业为减少对环境的损害而采取的一系列解决方案，包括对现有的生产流程、核心技术、运作系统和最终产品进行改良，或者引入全新的流程、技术、系统和产品。绿色创新除涉及与绿色产品和工艺相关的技术创新外，也包括资源的集约利用、能源消耗的降低、污染的预防、排放的控制、绿色产品设计，以及企业环境管理中的新思想、新技术和新工艺。所以，绿色创新的范围十分广泛，它不只涉及绿色产品、绿色生产或绿色技术创新，还涉及解决环境和资源问题的组织管理变革以及制度创新。更进一步讲，绿色创新还包括推动绿色营销、建立绿色品牌，以及促进绿色生活方式等的创新。

在管理学领域，绿色创新的定义众说纷纭，尽管学者探讨的视角不同，但核心理念是一致的。

第一，绿色创新的内容非常广泛，涵盖产品、流程、服务和方法等多个方面。换句话说，任何能够减少对环境的负面影响、提升企业绿色形象和影响力的资源组合变革，都可以被认为是绿色创新的一部分。绿色创新从一开始就被赋予了广泛的定义，它不局限于环境技术、工艺和产品创新，还包括组织、管理和制度创新等方面。

第二，绿色创新是企业面对市场需求和市场竞争的一种主动响应，它不单纯是企业履行社会责任的表现，更是一种市场化行为。通过改变资源的组合方式，绿色创新旨在实现经济、环境和社会价值等多重目标，以提高企业满足客户需求的能力，从而构建企业的竞争优势。在这个过程中，企业能够在满足社会和环境需求的同时，实现可持续发展。

第三，绿色创新强调结果导向，其核心目标是减少对环境的负面影响或提升环境绩效。学术界在定义绿色创新时非常注重环境绩效这一概念。尽管环境绩效的内涵因情境而异，但其基本可以定义为资源的集约使用和外部性的减少。任何能够减轻企业对环境的外部影响和降低资源消耗的行为，都被视为绿色创新。

第四，绿色创新紧密贴合可持续发展原则，既关注产品本身的环境标准，也关注生产、运输、消费和回收处理等整个产品生命周期的资源消耗和环境影响。绿色创新的实践既要考虑降低企业自身的资源消耗和环境影响，还应优化和减少供应商及消费者相关的资源和环境负担。

二、绿色创新的维度和类型

从技术的角度来看，绿色创新可以分成两类：一是对单个要素进行改进，直至实现对关键要素的革命性替换；二是对要素间关系进行调整，通过结构变化达到创新的目的。根据这两个维度，创新可细分为四种类型：渐进式创新、模块创新／组件创新、结构性创新和突破性创新，如图 6-4 所示。

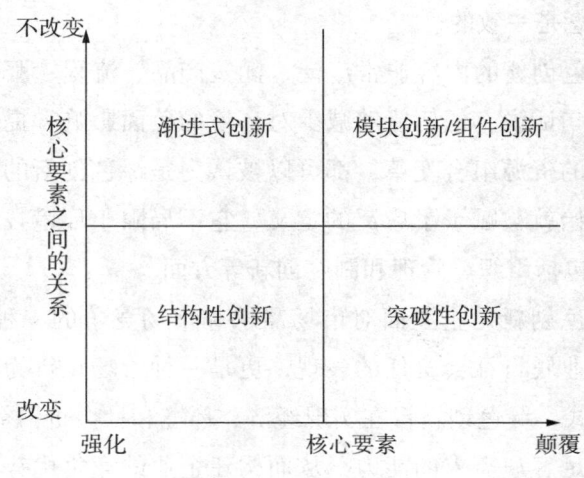

图 6-4　创新的维度和类型

渐进式创新的特点是在要素和结构方面的创新程度较低。这类创新通常涉及在核心组件中添加新要素，通过连续的小幅度改进提高效率。例如，汽车行业中对现有车型的性能优化就属于这一类型。

模块创新/组件创新的特点是在要素上的创新程度较高，但在结构上的改变较小。这种创新一般涉及对特定模块或组件的重新设计，同时保留与其他组件的接口不变。例如，智能手机中对摄像头模块的更新就是模块创新的典型例子。

结构性创新的特点是对结构的创新程度较高，而对要素的创新程度较低。这类创新主要通过改变不同组件间的相互作用和性质来实现核心目标。例如，企业内部流程的重组就是结构性创新。

突破性创新的特点是在要素和结构方面的创新程度都非常高，甚至可能颠覆整个系统的核心要素和架构，创造出一种全新的范式。例如，互联网的诞生和普及就是一种突破性创新，它既改变了通信方式，也重塑了人们的生活和工作方式。

从提高资源效率的角度出发，绿色创新可以被视为产品创新、过程创新和产品替换，以及这三种方式的综合运用。产品创新主要聚焦现有产品环境友好性的提升，如通过更换更环保的引擎减少污染，或改进建筑的供暖系统以降低能耗。

过程创新则着眼于生产技术和过程的改进。这不单涉及更新设备和组件等硬件层面的创新，也涉及组织结构和生产流程等软件层面的改革，旨在提高资源的使用效率。例如，通过对生产线进行优化，减少能源浪费和原材料的损耗。

产品替换则关注在生产过程中对部分要素进行替换，以达到更环保的效果。通常情况下，产品替换伴随着过程创新，将环保的中间产品整合到其他生产过程中，使得最终产品的环境友好性得到提升。例如，使用可回收材料替代传统材料，或者采用更清洁的能源替代传统能源。通过功能上的替换实现同一目的的也是产品替换的一种形式。

虽然以市场和商业模式为主导的系统创新可能不会直接提高生产效率，但能够提升产品的使用效率，从而实现整体消费效率的提升。这种创新形式可能涉及产品共享、循环使用等概念，通过更有效的资源分配和使用，减少整体资源消耗，实现环境与经济的双重效益。

三、绿色创新的表现与过程

绿色创新代表着一场全面的变革，它不仅是关于低能耗产业的演进，也涉及传统"黑色产业"的环境友好转型，这种创新不局限于新能源技术的研发和应用，也包括节能减排技术的开发及推广。绿色创新在多个领域表现出其独有的特征。

（1）信息技术和新能源技术等将在绿色创新中被更加广泛应用，以提升能源效率，减少环境污染。

（2）传统的"黑色""褐色"技术，源自第二次工业革命，将在绿色工业革命中经历一次"绿色"转型，通过技术升级和优化，这些技术有望提升环境友好度。

（3）在参与绿色创新的组织类型上，将会涵盖多个经济实体，除了传统的跨国公司和中小企业，网络企业、虚拟公司等新型组织形式也将积极参与绿色创新的过程。

（4）众多非营利性社会组织也会在绿色创新中扮演重要角色，通过其独特的影响力和资源，促进环保意识和技术的普及。

由此可知，绿色创新并不单是对现有创新理论和方法的简单概括或延伸，更是对基于机械论的传统线性创新思维方式的一种根本性革新，这种创新思维以生态学观点和复杂系统理论为理论基础和出发点。绿色创新是企业在创新过程中观念的重大转变，要求企业在追求产品和工艺创新、提升竞争优势的同时，考虑到创新活动对环境的影响。绿色创新的基本过程如图 6-5 所示。

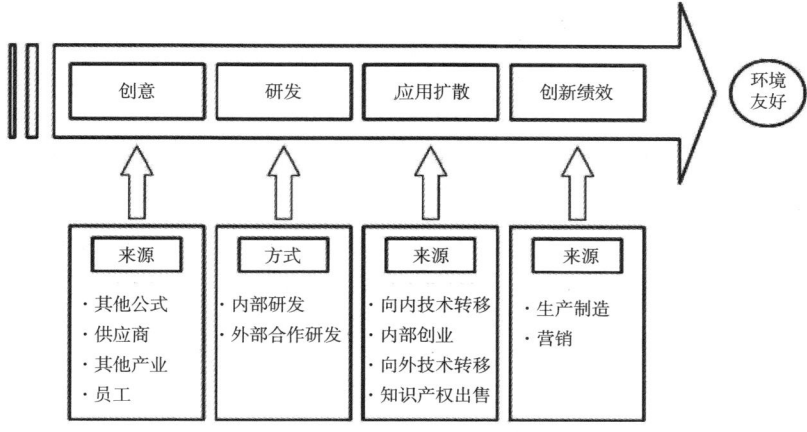

图 6-5　绿色创新的基本过程

四、绿色创新的应用

（一）绿色战略创新

绿色战略创新要求企业在制定战略规划和决策的过程中，主动考虑环境因素，评估其业务活动对自然环境的潜在影响，并采取措施最大限度地减少负面影响。这种战略性的考虑除涉及产品设计和制造过程外，也涉及供应链管理、能源使用、废物处理等方面。例如，企业可以选择使用可再生能源，优先采购环保材料，或者设计易于回收的产品。通过这些措施，企业能够减少对环境的负面影响，并在日益增长的环保市场中获得竞争优势。

绿色战略创新还涉及企业内部文化的转变，这种转变不仅需要高层领导积极倡导，也需要员工广泛参与和支持。企业可以通过培训和宣传，加深员工对环境保护重要性的认识，并鼓励他们在日常工作中实践绿色理念。企业还可以通过激励机制，如奖励那些提出或实施有效环保创新的员工，进一步推动绿色战略创新的实施，以提升企业的整体环保表现，增强企业的社会责任感和品牌形象。

（二）绿色价值创新

1.产品与服务的设计和开发

绿色价值创新要求企业在其产品与服务的设计和开发阶段就充分考虑环境因素，这意味着企业需要在设计过程中采用环保材料，优化产品性能，减少能源消耗，并尽可能使产品在废弃后易于回收或降解。例如，一些公司开发的节能设备或可降解包装材料，都是绿色价值创新的具体体现。通过这种方式，企业不仅能够减少对环境的负面影响，还能够吸引越来越多关注可持续生活方式的消费者。

2.企业运营与生产过程优化

企业需要采用更高效的生产技术和管理方法，以减少资源浪费和废弃物排放。这涉及对生产工艺的重新设计、能源管理的优化以及废物回收系统的建立。例如，一些企业通过引入节能技术和改进物流系统，有效降低了能源消耗和运输成本。

3.社会责任的履行

绿色价值创新不只包括通过产品和服务直接产生的环保效果，还包括通过企业行为对社会产生的积极影响。例如，一些企业通过资助环保项目、参与社区绿化活动或与非营利组织合作，展示了其对可持续发展的承诺。通过这些行动，企业能够提升自身的品牌形象和市场竞争力，并为实现全球可持续发展目标做出贡献。

（三）绿色技术创新

首先，绿色技术创新的核心在于开发新的、更为环保的产品和工艺，通常包括利用可再生能源、提高能源效率、减少废物产生和排放，以及开发可持续材料。例如，太阳能和风能技术的进步，不仅减小了对化石燃料的依赖，还显著降低了温室气体排放。在制造业中，通过优化设计和生产流程及使用环保材料，可以有效减少资源消耗和废弃物。绿色技术创新还包括开发智能系统和自动化技术，以提高能源和材料的使用效率。

其次，绿色技术创新还涉及企业运营的可持续性，企业需要在其供应链、物流和分销网络中宣传环保理念，以确保整个运营过程的环境友好性。这可能涉及选择环保的供应商、优化物流路线以减少排放，以及使用可回收的包装材料。企业还需要关注整个产品生命周期对环境的影响，从原材料采购到产品被废弃处理，都应减小对环境的负担。

最后，企业进行绿色技术创新还需要构建一个支持创新的内部环境，包括鼓励员工发展创新思维，加大对研发的投资，以及加强与研究机构、政府和其他企业的合作。例如，企业可以设立专门的研发基金，支持环保技术的开发，或与大学和研究机构合作，共同开发新技术；还可以利用政府提供的各种补贴和税收优惠，降低绿色技术创新的成本。

（四）绿色产品创新

绿色产品创新要求在产品设计阶段就考虑环保因素，包括选择可再生或可降解的材料，减少在生产过程中的能源消耗，以及设计易于回收和再利用的产品。例如，一些企业开发了使用回收塑料或有机材料制造的产品，既减小了对资源的依赖，还降低了产品对环境的影响。除了物质选择，绿色产品创新还涉及工艺的创新，如采用低能耗生产技术、无毒涂料和黏合剂等，这种从源头上减轻对环境的影响的方法提高了产品的环保性能，从而有助于塑造企业的绿色品牌形象。

绿色产品创新还需要企业在生产和供应链管理方面实施环保措施，这意味着企业需要优化生产流程，减少废物和排放，同时确保供应链的环保性。例如，在生产方面，企业可以通过采用清洁能源、提高能源利用效率和减少废物的排放量，显著降低产品的环境足迹。在供应链管理方面，选择符合环保标准的供应商，以及通过数字化和智能化技术提高物流效率。

绿色产品创新还涉及对市场和消费者需求的理解。随着消费者环保意识的增强，越来越多的人倾向于购买环保产品，对此，企业需要通过市场了解消费者对绿色产品的需求，并通过有效的营销策略传达产品的绿色价值。这可能包括突出产品的环保特性、展示企业的社会责任以及与消费者产生情感共鸣。

（五）绿色供应链管理

绿色供应链管理作为现代企业可持续发展的重要组成部分，涵盖绿色采购、绿色制造、绿色销售和绿色物流等多个方面，其核心在于将环保理念融入供应链的每个环节，以实现资源的高效利用和环境污染的最小化。

绿色采购强调在供应商选择和原材料采购中融入环保因素，这涉及两个主要方面：一方面是选择那些能够提供环境友好型原材料的供应商，或者帮助现有供应商提升环保绩效；另一方面是在采购活动中注重原材料的高效利用和循环再利用，以减少资源消耗和废弃物的产生。以苹果公司为例，其将环保理念延伸到上游供应链，促使供应商进行节能减排，并引入新的环保材料，致力于实现固体废弃物零填埋。

绿色制造侧重于产品制造过程中的环保实践，主要目标是减少能源消耗，降低废水和废气排放。例如，招商局重工（深圳）有限公司为实现绿色制造，推出了天然气分布式能源系统项目，通过高效节能系统和清洁能源的使用，提高了厂区的能源利用效率。

绿色销售着眼于在满足消费者需求的同时，关注环境保护和资源节约。这不仅涉及产品本身的环保性，还包括减少包装物料的消耗、优化销售过程中的环保实践等。例如，苏宁易购集团股份有限公司根据不同产品的包装需求，制定了多种包装方案，以合理减少纸箱等包装材料的使用。

绿色物流致力于在物流操作过程中减少对环境的负面影响，包括减少有害物质的排放、优化运输路线、使用可回收材料等。例如，菜鸟网络通过用电子面单取代传统的纸质面单，减少了纸张的消耗。

（六）绿色创新的过程管理

在绿色创新的框架下，企业的创新过程经历了深刻的变革，特别是在诸如汽车产业这样的价值链中。传统的汽车产业价值链以零部件供应商—企业生产制造—分销—用户使用为主线，主要关注的是汽车生产过程中的环保法规遵守、有毒有害物质的排放控制和大气污染问题。然而，在绿色创新观念的指导下，环境保护理念深入整个创新价值链的每个环节。

绿色创新不只关注汽车制造过程，还涉及整个生产链的环保责任。从汽车零部件的供应商和材料制造商到汽车制造商、分销商，再到消费终端，每一个环节都被纳入环境保护的全程监控与管理之中。这种全链条的绿色创新方法，扩展了传统企业环保责任的范围，使得环保成为企业创新和运营的一个核心组成部分，推动着企业在环境保护方面的深入和持续创新。

第四节　整合式创新

一、整合式创新的概念

整合式创新作为一种创新管理的新模式，它的核心在于结合战略视野、全面性、开放性和协同性，以适应人类文明和全球可持续发展的时代要求。这种创新模式既是响应全球化挑战的理论框架，也是推动我国企业建立全球创新领导地位的关键策略。整合式创新主要包括四大核心要素，即战略、全面、开放和协同。

战略要素的重要性体现在企业如何确定其战略定位上，这不仅指一套具体的计划，更是指一种更为深远和全面的视角。企业需要通过战略视角，在全球层面上预见和洞察未来的发展动向，这种战略思维要求企业既关注眼前的目标，还要考虑到长远的发展和变化。具体来说，企业需要将技术创新作为其发展战略的核心部分，将创新思维和技术应用贯穿于整个组织的发展目标和管理过程中。企业还需要采用跨文化的战略思维，以更好地理解和适应不同文化背景下的市场需求，促使企业在多元文化的全球市场中找到自己独特的定位。

全面创新的理念强调企业在创新过程中不仅要关注单一方面，如技术创新，更要将创新的触角延伸到组织结构、市场策略、管理方式等多个方面。全面性的核心在于价值增长，即通过综合各方面的创新，来提升企业的核心竞争力。这样的创新不是孤立的，而是需要战略的引导和多个创新要素，如技术、组织、市场、管理等的相互协调和融合。为了实现全面创新，企业需要在创新管理上采用有效的机制、方法和工具，这意味着创新不只是研发部门或某个团队的责任，更需要全员参与，形成全面创新的文化氛围。

开放要素，即开放式创新，这是由哈佛大学学者亨利·切萨布鲁夫（Henry Chesbrough）在其专著《开放式创新：进行技术创新并从中赢利的新规则》中首次提出的一个概念。它被定义为企业有意识地利用外部和内部的知识流动来加速创新过程，并通过多种途径将创新转化为市场价值。在这个框架下，企业不再是封闭的系统，而是通过内外部资源的互动打破传统的创新边界。开放式创新强调在获得相应许可的基础上，企业内部技术可以扩散到外部，并且可以接受和应用来自外部的技术，即使这些技术并非企业内部研发所得。这一理念的核心在于打破传统企业边界，促进技术的广泛传播和应用。

而协同元素，即协同创新，是指企业、政府、学术机构（如大学、研究机构）、中介机构以及用户等多方为实现重大科技创新而进行的创新活动。这种创新模式基于各参与方需求的匹配和能力的互补，通过国家层面的指导和机制安排，促使各参与方发挥各自的优势，整合互补资源，共同推进技术创新和成果的产业化。协同创新强调的是各参与方在创新过程中的协作和共同努力，以实现技术创新和科技成果的快速产业化，加速产业技术创新的过程。

二、整合式创新的基本内涵

第一，整合式创新是一个将全面创新、开放式创新和协同创新相结合的综合体，强调创新战略的重要性。其核心在于纵向整合和动态发展的思维方式。在整合式创新的指导下，企业的创新路径应当覆盖战略引领、组织设计、资源配置和文化营造等多个层面。具体来说，可以概括为"未来导向的战略引领""重视知识的组织设计""提升质量的资源配置""文化建设作为基础"。通过这种方法，企业才能在注重长远目标的同时，实现动态创新，进而构建稳定、可持续的核心竞争力。

第二，整合式创新在全球战略视野的指导下，实现了自然科学的聚合思维和社会科学的发散思维的有机结合，既体现了东方文化的价值观，也融合了中国特色的创新实践经验，满足了我国企业在创新方面的战略需求。这表明整合式创新不仅包括技术层面的创新，更是一种文化和哲学层面的融合，它将东西方的创新思维和方法有机结合，为企业的持续创新和发展提供了新的视角和动力。

第三，整合式创新是一种总体性和大规模创新的思维范式。它以整体观和系统观为基础，旨在突破传统的研发管理、制造管理、营销管理和战略管理等相互独立的思维限制，通过战略引领和战略设计，实现企业管理各个方面的有机整合，为企业乃至国家在重大领域和重要技术上取得突破和创新提供坚实的支撑。整合式创新强调的不仅仅是创新的深度和广度，更重要的是创新过程中的协同和整合，从而确保创新活动在企业的整体战略目标和长远发展中发挥最大的效能。

整合式创新的框架如图 6-6 所示。

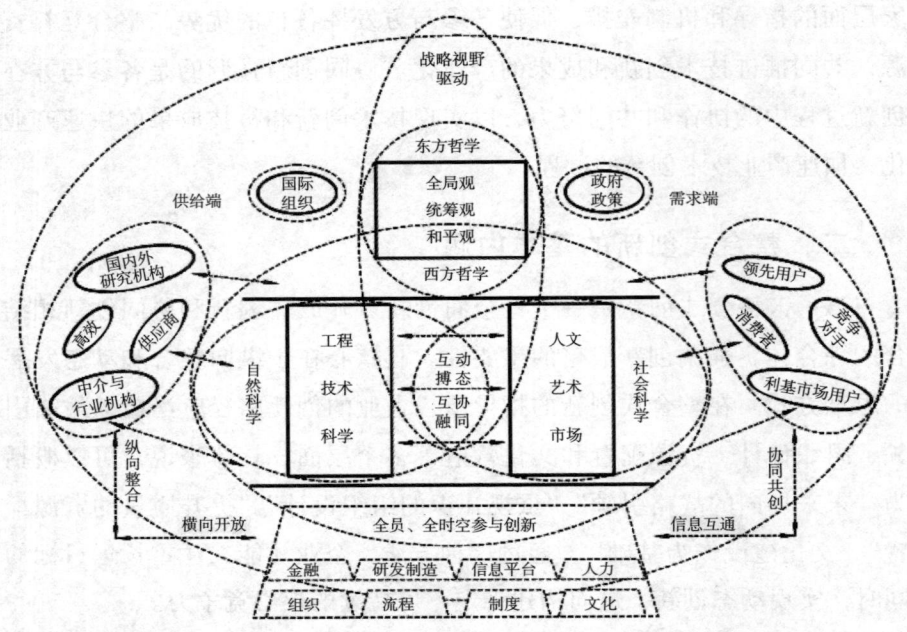

图6-6　整合式创新的框架

三、整合式创新的对策

（一）组织结构和企业文化创新

在现代企业的发展过程中，组织结构和企业文化创新是支持整体创新战略的基石。为了适应日益变化的市场和技术环境，企业需要构建一种鼓励创新和容忍失败的文化氛围，这涉及推崇开放式沟通，鼓励员工之间开展直接交流。跨部门协作和团队多元化也至关重要，通过跨部门协作，可以汇聚不同背景和专业知识的人才，产生更多创新思想和解决方案。而团队多元化则有助于促进创新思维的交流，创造更加包容和有创造力的工作环境。这样的文化氛围能够吸引和留住有才能的员工，进一步促进企业创新能力的提升。

在组织结构方面，灵活性和适应性是关键。现代企业需要摒弃僵化的层级结构，转而采用更为灵活和更具动态的组织形式，以便快速响应市场变化，激发员工的创新思维和自主性。为此，企业应当注重知识管理，实施有效的知识共享机制。通过促进知识和信息的流通，提高整个组织的创新能力。此外，企业还应培育一种以创新为核心的文化，将创新思维深植企业的每一个角落，激发员工的创造力和积极性，促进团队间的合作和共同努力，从而为企业带来更多更具价值的创新成果。

（二）资源配置和管理

企业需要对不同类型的资源进行合理配置，确保这些资源能够有效支持创新活动，对此，企业不仅需要关注人才的引进和培养，还需要投资先进的技术和设备。引进高技能人才是推动创新的重要途径，因为人才能够带来新的想法和技能，促进技术和产品的创新。同时，企业需要投资于先进的技术和设备，以提高研发效率和产品质量。企业在资源配置时，不应仅关注眼前的利益，还应与企业的长期目标和战略愿景相结合。这要求企业建立一套科学的资源管理体系，确保资源在最需要的地方得到有效利用，并产生最大的创新效益。例如，通过流程改进和技术升级，企业可以更高效地利用现有资源，提高生产效率。

（三）技术创新和研发

对于任何寻求持续成长和市场领先地位的企业来说，不断的技术投入和创新是基本的生存和发展策略。企业必须确保对研发活动的持续投资，以保持和发展其核心技术和关键知识。这意味着企业不只要对当前市场上流行的技术趋势保持敏感，更要对技术的未来发展趋势保持较强的洞察力，从而在竞争中保持优势，及时响应市场的变化和需求。技术创新不局限于开发新产品或服务，也包括对现有产品和服务进行改进，不断改进和更新是企业满足并超越市场预期的关键，能够帮助企业建立并保持较高的市场地位。

　　在技术创新和研发的过程中，工艺改进和生产流程的优化同样重要，均可以显著提高生产效率和产品质量，同时降低成本。企业应该不断寻求通过技术创新优化其生产过程，从而增强产品的竞争力，提升客户满意度。

第七章 企业创新管理策略

第一节 技术跨越

一、技术跨越的内涵

制定合适的技术创新战略对探索符合我国国情的技术创新路径至关重要。鉴于我国在高新技术领域与世界发达国家相比存在一定差距,这要求我国企业不能简单借鉴国际先进经验,而应寻找和利用自身优势,努力实现技术的飞跃发展。这种发展策略的目的在于在最短的时间内缩小这一差距,甚至超越国际先进水平。

对于我国企业而言,技术创新战略的制定应当紧密围绕技术跨越的核心目标进行,这要求企业在了解国内外技术发展趋势的基础上,立足我国的具体国情,明智选择适合自己的技术发展路径。在这个过程中,企业既要注重发挥自身的优势,又要认识到自身的局限,做到"有所为,有所不为"。例如,我国企业应集中优势资源,聚焦关键领域和技术的突破,以实现在关键技术领域的快速发展和技术跨越。通过这种有目的、有计划的技术创新战略,我国企业可以更有效地提升自身的竞争力,进而加速追赶甚至超越国际先进水平。

技术跨越是一种战略方法，旨在通过跳过某些技术发展阶段，直接采用新技术和新产品来提升产品竞争力。对于我国企业来说，技术跨越具有双重含义。①在特定领域内，企业依托自身的优势和创新战略，使技术水平实现从较低水平直接跳跃到国际领先或先进水平，这种跳跃被视为"绝对跨越"。②相对于当前较低的技术水平，企业可以通过努力跳过几个发展阶段，达到一个相对较高的技术水平，虽然这种技术水平可能仅接近世界平均水平，但凭借人力资源和自然资源的优势，仍能生产出在国际市场上具有竞争力的产品，这种被称为"相对跨越"。

对于我国的企业而言，相对跨越在技术发展上具有极其重要的意义。由于传统制造业、流通业、服务业依然是我国国民经济的重要部分，这些行业的技术进步既标志着企业自身的巨大发展，而且对国家整体经济发展有着深远影响。在制定技术创新战略时，我国的企业必须密切关注国内外技术发展的最新动向，并结合自身的发展现状制定实际可行的策略。这意味着我国的企业需要深入分析市场需求、技术趋势和自身的优势，以确定那些最有可能实现技术跨越的领域。在这个过程中，除需要对现有技术进行升级外，还需要通过引进和融合国际先进技术加速技术进步。通过这种方式，企业不仅能提高自身的竞争力，还能为我国在全球经济中的地位提供坚实的技术支持。

此外，"立足国情，有所为，有所不为"的理念对我国企业来说尤为重要，我国企业应在自己拥有优势的领域积极行动，在劣势领域则谨慎行事。换言之，企业应集中优势进行关键领域的攻坚，从而实现在特定领域的技术突破和市场领先，提高有限资源的利用效率，从而在全球化的竞争环境中赢得有利地位。通过这样的技术跨越战略，我国企业能够在实现自身快速发展的同时，为国家经济的整体提升做出重要贡献。

二、发达国家企业技术跨越的过程

按经济发展程度，国家可分为三类：发达国家、次发达国家和发展中国家。这些国家在技术创新和市场策略上的差异，揭示了企业技术跨越的不同路径。其中，发达国家利用其人才和科技优势，采纳领先创新战略生产高科技产品。这一过程遵循以下几个阶段。

（1）发达国家将其高科技产品销售给次发达国家和发展中国家，从而获得丰厚的创新利润。随着产品数量的增加，发达国家在继续向发展中国家出售高科技产品的同时，开始向次发达国家出售用于生产这些高科技产品的制造设备，以获取更多的创新利润。

（2）随着高科技产品及其制造设备的逐渐普及，发达国家的市场策略会进一步转变，开始向次发达国家出售制造这些设备的关键零部件，而向发展中国家则由出售产品转向出售制造设备，此时，由于市场逐渐饱和，创新利润开始下降。因此，发达国家进一步调整策略，转而向发展中国家出售制造设备的关键零部件，同时开始从欠发达国家进口低成本的产品，因为这种进口方式比自身生产更为经济。

（3）当市场完全饱和时，发展中国家已经掌握了高科技产品的制造技术，并拥有相应的制造设备，这时，它们开始向发达国家和次发达国家出口这些产品。但是，由于市场的饱和，产品价格降低，利润空间极小，而发达国家已经开始研发新一代或新类型的高科技产品，进而启动一个新的竞争循环。

（4）在这一过程中，发达国家通过不断进行技术创新和市场策略调整，保持着技术领先地位。次发达国家和发展中国家则在这一过程中逐步提升自己的技术能力，通过逐步的技术跨越，增强自身的市场竞争力。这一全球技术和经济的循环，既揭示了各类国家在全球市场中的不同角色，也反映了技术创新在全球经济中的动态发展过程。

在国际市场中，发展中国家往往面临着接受发达国家剩余市场份额的局面。为了改变这种现状，摆脱只能依赖市场剩余份额的局面，发展中国家必须积极打破现有的市场格局，尽早介入市场循环的第二或第三个阶段，即在产品市场尚未饱和时，向发达国家或次发达国家销售自身的产品。此时的市场仍拥有较高的创新利润空间，所以，若能在此阶段进入市场，企业将有机会实现跨越式发展。这需要发展中国家企业提前布局，加速技术发展和市场拓展，以抓住早期进入全球市场的优势，实现经济的快速增长和技术的跨越式发展。

三、我国企业的技术跨越战略

（一）具有较强竞争优势的企业的技术跨越战略

我国企业在实施技术跨越战略时，特别是那些已经拥有较强竞争优势的企业，需要采取一系列经过深思熟虑的措施，以确保成功实现技术跨越，并在全球市场中占据优势地位。

1.加强对核心技术的研发与创新

对于已具有较强竞争优势的企业而言，对核心技术的研发与创新是实现技术跨越的关键。这些企业应当集中资源，对核心技术进行深入研究和创新，包括投资高水平的研发团队、引入先进的研发设备、建立高效的研发流程。通过持续的技术创新，企业不仅能够巩固其在现有市场中的领先地位，还能够在新的技术领域中实现突破，开拓更广阔的市场。此外，企业还应当注重知识产权保护，确保其技术创新能够获得合法的保障和利益。

2.提升产品质量和服务水平

技术创新并非孤立发生的，而是伴随着产品质量和服务水平的提升。因此，企业需要将技术创新有效地转化为产品的实际优势，不断提升产品的质量和性能。企业还需要重视服务创新，提供更加个性化、高效的客户服务。优质的产品和服务不仅能提升客户满意度，还能帮助企业在竞争激烈的市场中占据有利地位。不断的产品和服务创新也是企业持续成长和扩张的重要推动力。

3.加强市场调研与精准市场定位

企业在实施技术跨越战略时，必须进行深入的市场调研和精准的市场定位，这意味着企业需要全面了解目标市场的需求、竞争格局、客户偏好以及潜在的市场机会。通过精准的市场定位，企业能够更有效地发挥其技术和产品优势，有针对性地满足市场需求。企业还应关注市场动态，及时调整市场策略，以应对市场的变化和挑战。

4.加强国际合作与扩大全球市场布局

对于具有竞争优势的企业来说，加强国际合作和全球市场布局是实现技术跨越的重要途径。企业应积极寻求与国际研究机构及其他企业的合作，以获取新的技术知识和市场信息；还应扩大其在全球市场的布局，包括设立海外分支机构、参与国际项目合作等。通过国际合作和全球市场布局，企业能够获取更多的市场机会，从而提升其在国际舞台上的影响力和竞争力。

（二）传统制造业的技术跨越战略

1.传统制造业的发展特点

传统制造业在我国经济中占据重要地位，但面临着一系列挑战和新的发展需求。这一行业通常以劳动密集型为特征，需要依赖大量人力进行生产，这导致了效率低下和成本上升的问题。传统制造业的技术水平相对较低，缺乏较强的创新能力，造成在全球化竞争中的不利因素。环境保护和可持续发展的要求也对传统制造业提出了新的挑战，如减少污染和提高资源利用效率。这些特点表明，传统制造业需要通过技术创新和升级来提高效率，降低成本，实现绿色可持续发展。

2.技术创新和升级

为了实现技术跨越，传统制造业需要大力推进技术创新和升级，包括引入自动化和智能化设备，如使用机器人和智能制造系统来提高生产效率和产品质量。传统制造业还应加强研发投入，开发新技术、新工艺和新材料，以提升产品的附加值和竞争力。数字化转型也是关键，通过构建数字化平台和应用，可以实现生产流程、供应链管理的优化和客户需求的精准响应。

3.市场多元化和品牌建设

除了技术升级，传统制造业还需要实施市场多元化战略，开拓新的市场，尤其是国际市场，以分散风险和提升收益。加强品牌建设也至关重要，通过提升品牌形象，增强产品的市场竞争力，企业可利用电子商务和网络营销平台，提高品牌的国际知名度和影响力。

4.可持续发展和环境友好

为应对日益严格规范的环保要求，传统制造业的技术跨越还需重视可持续发展和环境友好，包括采用清洁生产技术、提高资源利用效率和减少废弃物排放。企业应积极探索循环经济模式，如回收再利用原材料，以减轻对环境的负面影响。

（三）劳动密集型企业的技术跨越战略

劳动密集型企业的主要特征是对大量劳动力的依赖，这导致其生产效率和成本管理面临特定挑战。首先，这类企业通常在人力资源管理方面承担着较大压力，且受劳动力市场波动的影响较大。其次，由于过于依赖人力，这类企业在提高生产效率和降低成本方面的空间有限。最后，劳动密集型企业在技术创新和自动化改造方面的投入通常较低，限制了其竞争力的持续提升。环保和社会责任方面的要求对这类企业提出了新的挑战。

　　为实现技术跨越，劳动密集型企业需要注重技术创新和自动化改造，引入自动化生产线和智能制造系统，从而提高生产效率和产品质量，降低对劳动力的依赖。因此，劳动密集型企业应加大研发投资，以开发新技术、新工艺，提高产品竞争力，这既能减轻人力资源管理的压力，还有助于降低生产成本。

　　在经济全球化背景下，劳动密集型企业面临着国际市场竞争加剧的挑战。为了应对这一挑战并提高自身的市场地位，这类企业必须采取积极的策略拓展国际市场，以分散在单一市场的风险，开辟新的收入来源。此举要求这类企业既要适应不同国家和地区的市场需求，还要克服文化差异、法规限制和物流挑战，在国际市场建立稳固的业务基础，以提高其整体收益能力。

（四）管理跨越为技术跨越奠基

　　在实施技术跨越战略的过程中，管理跨越起到奠定基础的重要作用。良好的管理体系能够为技术创新提供必要的组织保障，促进企业在技术跨越过程中的有效运行和持续发展。管理跨越主要涉及企业管理模式的现代化、决策过程的科学化、企业文化的创新化。

　　1. 企业管理模式的现代化

　　传统的管理模式往往难以应对快速变化的市场环境和技术需求，因此，企业需要构建更加灵活、高效的管理体系，包括引入现代管理工具和方法，提高企业的运营效率和响应速度。企业还应采用先进的信息技术，如企业资源规划系统和客户关系管理系统，来实现对信息流、物流和资金流的有效管理。

　　2. 决策过程的科学化

　　企业在实施技术跨越战略的过程中，需要制定各种复杂的决策，这些决策直接影响到企业的创新方向和市场策略。企业应建立一套科学、合理的决策机制，以确保决策的准确性和有效性，包括利用数据分析为决策制度提供信息依据。企业还应鼓励多层级之间充分沟通，以集思广益，提高决策的质量。科学的决策过程能够帮助企业有效规避风险，抓住市场机遇，为实现技术跨越和长期发展奠定坚实的基础。

3.企业文化的创新化

企业文化对员工的行为模式和思维方式有着深远的影响，因此，建立一种鼓励创新和探索的企业文化对实现技术跨越至关重要，包括营造开放的沟通氛围，鼓励员工提出创新想法和解决方案；提倡持续学习和自我提升，增强员工的创新能力和专业技能；强化团队合作和共享精神，促进知识和经验的交流与共享。员工的创新热情，以及团队协作效率，为技术跨越提供强大的动力和支持。

第二节　学习型组织

一、学习型企业的要素

学习型企业至少应具备以下六大要素，如图 7-1 所示。

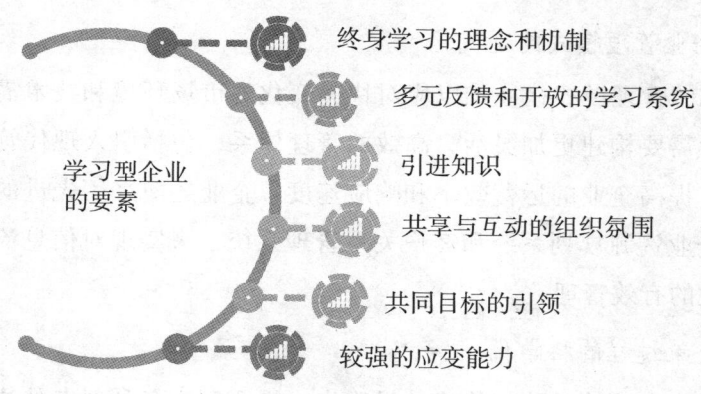

图 7-1　学习型企业的六要素

（一）终身学习的理念和机制

1.终身学习的理念

终身学习的理念是指企业文化和管理思想中深植的持续学习和自我提升的观念。在学习型企业中，终身学习被视为所有员工的基本责任和权利，而不只是对个别员工或特定部门的要求。这种理念强调，无论职位高低，每个员工都应保持对新知识、新技术和新方法不断学习和探索的态度。终身学习理念的核心在于企业认识到知识和技能的持续更新是其在快速变化的市场和技术环境中生存和发展的必要条件。

2.终身学习的机制

学习型企业需要建立有效的学习机制，包括为员工提供多样化的学习资源和平台，如在线课程、研讨会、工作坊、内部培训等，并鼓励员工积极参与这些学习活动，并将学习成果应用于工作实践中。企业还需要建立激励机制，如绩效考核中加入学习和发展的指标，以激励员工持续学习。

（二）多元反馈和开放的学习系统

多元反馈既包括来自直接上级或管理层的反馈，也包括来自同事、团队成员的反馈。多元反馈的目的在于从全面、客观的视角，帮助员工认识到自身在工作中的优势和改进空间。例如，同一部门同事之间的互评可以揭示团队协作中的问题和潜在的改进点，而来自跨部门同事的反馈则可以从不同职能视角提出宝贵意见。为了确保反馈的有效性，企业需要培养一种开放和诚实交流的文化，鼓励员工在互相尊重的基础上提出和接受反馈。

除了多元反馈，开放的学习系统也是学习型企业不可或缺的一部分。这种系统包括多样化的学习资源和渠道，能够适应不同员工的学习需求和风格。例如，线上学习平台可以提供灵活的学习时间和丰富的课程选择，而面对面的研讨会和工作坊更侧重于实践技能的培养和经验的交流。重要的是，学习系统应当是开放和包容的，鼓励员工根据自己的兴趣和职业发展需要选择合适的学习内容，并将所学知识应用于实际工作中，从而提升工作效率。

（三）引进知识

1. 外部知识的引进

企业可以通过多种途径，如参与行业会议、研讨会，与学术机构和研究机构合作，或与其他企业建立知识共享的伙伴关系，主动从外部环境获取新的知识和信息。外部知识的引进不仅可以帮助企业了解最新的市场趋势和技术发展，还能激发内部的创新思维。例如，通过跟踪行业领先企业的最新研究成果，其他企业可以及时调整自己的研发方向和战略规划。

2. 内部知识的创造和共享

除了引进外部知识，企业还应重视内部知识的创造和共享。企业需要建立一种鼓励创新和知识共享的文化，创新不仅来自研发部门，企业的每一个员工都应成为知识创造的参与者。企业可以通过内部研讨会、创意工作坊等方式，激发员工的创新潜能，促进跨部门的知识交流。

（四）共享与互动的组织氛围

1. 建立鼓励知识共享的文化

鼓励知识共享的文化要求企业鼓励和促进知识与信息的自由流动。这种文化的建立首先需要企业领导层的积极倡导和示范，如定期分享行业洞见、公司动态或个人学习经验，通过自己的行为表明知识共享的重要性。此外，企业应通过建立开放的沟通渠道来促进员工之间的知识交流，这可以通过组织定期的内部研讨会、知识分享会、跨部门合作项目等方式实现。在这些活动中，员工被鼓励分享自己的想法和经验，并从他人那里学习新的知识和技能。为了进一步促进知识共享，企业还可以利用内部社交平台，如企业内部论坛或知识库，为员工方便地访问和贡献知识资源提供有利条件。

2. 促进员工间的学习互动

重视知识共享的组织同样重视员工之间的学习互动，这种互动不限于传统的教育和培训活动，更包括日常工作中的互相学习和支持。例如，企业可以实施导师制度，让经验丰富的员工指导新员工，或者在团队内部进行技能交流和工作轮换，以促进具有不同背景和专业知识的员工相互学习。为了确保学习互动的有效性，企业需要创建一个支持和尊重互动的环境，确保员工在分享和讨论过程中感到舒适和被尊重。

（五）共同目标的引领

1. 共同目标的重要性

共同目标在学习型企业中发挥着指导和团结的作用，能够为企业提供明确的发展方向，帮助员工理解自己工作的意义和价值。然而，为了适应不断变化的市场和技术环境，共同目标需要具备灵活性和创新性，企业应定期评估和调整共同目标，确保其能反映当前的市场趋势、客户需求和技术发展。例如，随着可持续发展的推进和消费者环保意识的增强，企业需要将绿色创新和社会责任纳入其长期目标中。

2. 促进员工参与共同目标的实现

为了使员工能够有效地参与共同目标的实现，企业需要建立相应的支持和激励机制，包括提供必要的资源和培训，使员工拥有实现目标所需的知识和技能。例如，针对特定目标，企业可以提供专业培训课程或研讨会，以提升员工的技术能力或管理技巧。同时，企业应确保员工对共同目标的达成感到有价值，这可以通过在绩效评估体系中加入目标实现的考核，以及提供奖励和晋升机会来实现。除了支持和激励，企业还需要建立有效的沟通机制，确保员工在实现共同目标的过程中及时获得反馈和指导。这意味着企业需要定期评估目标的进展情况，并将结果反馈给员工，鼓励员工提出建议和意见，以持续改进目标的实现过程，促使员工共同推动企业的创新发展。

（六）较强的应变能力

在当今快速变化的商业环境中，企业面临的挑战和机遇是不确定的，因此，具备较强的应变能力对企业来说至关重要。企业的应变能力体现在多个方面，如快速响应市场变化、灵活调整运营策略、有效管理内部资源等，这种能力使企业能够在竞争中保持优势，并为持续成长和发展打下基础。为了增强应变能力，企业需要采取一系列措施。①构建灵活的组织结构，以快速响应外部环境的变化，这意味着企业需要减少层级、优化流程或引入更加灵活的工作模式。例如，采用项目制工作方式可以使团队更快地聚焦特定任务，提高效率。②培养员工的适应能力和灵活思维，这涉及不断地为员工提供培训和教育，使员工掌握新技能、适应新工具，以在变化的环境中保持高效工作。③建立有效的信息系统，确保信息的快速流通，使决策者能够基于最新的数据做出快速反应。

二、创建学习型企业的意义

（一）弥补传统企业的缺陷

1.打破信息孤岛，促进知识共享

传统企业中的一个常见问题是信息孤岛，即不同部门之间的信息流通不畅，由此造成资源浪费和决策失误。学习型企业通过建立开放的沟通渠道和知识共享机制，能有效打破信息孤岛。学习型企业鼓励员工跨部门交流，通过共享平台分享知识和经验，从而促进组织内部的信息流通。例如，内部社交媒体平台和知识管理系统使员工能够轻松地访问和贡献企业的知识库，从而丰富企业的知识储备，增强企业的决策能力。

2.解决管理结构僵化的问题

传统企业往往被其僵化的管理结构所困扰，这种结构以严格的等级制度和刚性的管理流程为特征，导致决策过程缓慢且效率低下。而学习型企业通过引入更加灵活和扁平化的管理模式，能够有效地解决这一问题。在学习型企业中，管理层与普通员工之间的界限减少，决策过程更加民主化和透明化，由此加速了决策过程，增强了员工的参与感和归属感。学习型企业还鼓励创新思维和持续改进的文化，这有利于进一步破除传统企业管理结构中的创新障碍，为企业带来更多的发展机遇。

（二）为组织创新提供操作性较强的技术手段

学习型企业通过建立持续学习的机制，鼓励员工不断获得和更新技术知识。在技术日新月异的今天，企业面临的较大挑战之一就是跟上技术发展的步伐。学习型企业通过提供培训、开展研讨会、丰富在线课程等方式，为员工及时了解最新的技术趋势和工具提供条件。例如，学习型企业可以定期举办内部技术分享会，邀请行业专家介绍新技术或新工具，鼓励员工通过项目实践和实验性任务应用这些新技术或新工具，这既能加深员工对技术的理解，也能促进技术的实际应用和创新。

（三）解决企业生命活力的问题

传统企业往往因为缺乏持续学习和创新能力而逐渐失去竞争力和对市场的敏感性，导致企业生命力的衰退。

1.提升对市场变化的适应性和敏感性

学习型企业通过持续学习和知识更新，能有效提升对市场变化的适应性和敏感性。在学习型企业中，不仅高层管理者，员工也被鼓励保持对新知识、新技术和市场趋势的持续关注。例如，企业定期组织市场趋势分析会议，邀请不同部门的员工共同讨论和分析市场变化，进而及时调整企业策略和操作。这样的做法能够加强企业对外部环境变化的响应速度，从而促使企业在竞争激烈的市场中保持活力和竞争力。

2.促进创新思维和组织再生

在学习型企业中，创新不仅被视为业务发展的驱动力，还被视为企业文化的一部分。员工被鼓励提出创新想法，不论是关于产品、服务，还是关于工作流程的改进。这种文化氛围能够激发员工的创造力和参与感，使他们成为企业发展的积极贡献者。例如，企业可以通过建立创新奖励机制来激励员工提出和实施创新方案；还可以通过定期的策略审视和业务模式创新实现组织的再生和转型。这些措施确保了企业不会因为陷入旧有的模式和思维方式而失去生命活力。

（四）提升企业核心竞争力

在学习型企业中，员工被鼓励提出新思路和创新方案，不断寻求改进现有产品和服务的方法。这种鼓励不应仅发生在研发部门，而且应贯穿企业的各个层面。例如，企业可以建立创新激励机制，如奖励那些能带来显著业务改进或成本节约的创新想法。通过促进思维创新，学习型企业能够持续推出新产品和服务，快速响应市场变化，从而在激烈的市场竞争中占据领先地位。创新也能帮助学习型企业开拓新市场，创造新的收入流，从而进一步增强核心竞争力。

三、学习型组织的核心要点

（一）学习力

学习型组织的核心在于全体成员的全身心投入以及强大的学习力。

传统观点认为，企业竞争就是人才的竞争，但按照学习型理论，竞争的实质是学习力的竞争。例如，假设有两家企业，一家拥有 100 名高级人才，另一家则有 200 名，表面上看，后者似乎更具优势。然而，如果前者员工的学习力更强，这家企业就可能显示出更强的市场竞争力。因为竞争不只是高级人才数量的比拼，更关键的是他们的创造力和学习力。当前，一些企业中拥有高级职称的人才数量较多，但对企业发展贡献有限，问题在于他们缺乏足够的学习力，这成为制约企业发展的重要因素。

（二）体验生命的意义

人的需求层次是多样的，从基本的温饱需求到安全感、归属感，再到实现自我价值的更高需求。企业只有满足员工的基本需求之后，员工才可能追求更高层次的目标。因此，企业管理者必须尊重员工，公平对待他们，这样员工才会全身心投入工作。企业的成功既需要员工的体力劳动，更需要他们的智力贡献。对于企业而言，重要的是遵循双元原则：一方面是企业的发展；另一方面是员工的发展。仅注重企业发展而忽略员工个人发展的企业难以取得成功。与此同时，员工在追求发展的过程中，也需要考虑企业的发展需求，所以，企业的领导层需要保证员工在工作中体验到生命的意义。

（三）创造力

学习型组织的本质在于通过学习实现创造力的提升。一个组织如果仅仅进行学习而没有将其转化为实际的创造行为，那么这个组织只能被视为停留在理论层面的形而上学的组织，而不是真正的学习型组织。学习型组织的学习过程重点在于将所学知识转化为创造力。

自改革开放以来，尽管一些企业引入了先进的管理和科学技术理论，但仍有诸多企业未能摆脱困境。一个关键原因在于这些企业没有将学习的知识运用到实践中。学习型组织的核心在于创新，特别是持续性创新。在知识经济时代，知识的积累源自学习，创新的起点始于学习，应变能力的提升也依赖学习，这就要求组织培养重视学习、擅长学习的文化氛围。在这样的背景下，企业不再是一个提供终身雇佣的机构，而成为一个终身学习的组织。只有成为学习型组织、企业才能有效地寻求和转换知识，并根据新的知识调整其行为。因此，企业要实现成功，就必须努力成为学习型组织，使创新成为推动企业发展的主要动力。

四、学习型组织的建设对策

（一）自我超越

自我超越是个人和组织不断向前迈进的重要支撑，它促使每个人不断澄清并深化自己的真正愿望，专注于目标，培养耐心，并以客观的眼光观察现实。那些拥有自我超越能力的人，会像对待艺术品一样对待生活，不断地超越自我，这是一种真正意义上的"终身学习"。组织整体的学习愿景和学习能力根植于其成员的自我超越能力。但是，令人遗憾的是，极少有组织能够鼓励其成员以这种方式成长。

任何企业都渴望进步和超越，但如果仅依赖外部推动，那么企业的未来将是黯淡无光的。要想具备强大的自我超越能力，企业必须具备三个关键要素。一是进行境界教育，提升员工的思维能力，开阔员工的视野。二是将契约性工作转化为创造性工作，在合同制的背景下，如果员工仅将工作视为契约条款进行履行，其创造力将大打折扣。员工需要认识到，他们的工作不局限于合同规定，而应包含创新元素。三是不断向极限挑战。每个人都有自己的极限，同样，每个企业也有其极限，如市场和生存的极限，只有不断挑战这些极限，才能实现自我超越。

（二）改善心智模式

心智模式指的是个体或组织在理解世界和做出决策时所依赖的思维框架和信念体系。在学习型组织中，良好的心智模式对促进有效的学习和创新至关重要。

改善心智模式的一个重要任务是打破固有的思维定式和传统观念，培养开放的心态。在传统组织中，长期形成的思维方式和做事习惯往往阻碍了组织成员对新观念的接受和对新方法的尝试。为了建设学习型组织，首先需要鼓励管理层和员工摒弃旧有的思维模式，敢于质疑现状，勇于探索新思想。例如，企业可以组织创新思维训练，帮助员工学习如何跳出固有框架，从多角度看待问题。

改善心智模式的另一个重要任务是促进个人和组织的自我反思，提高思维的深度和广度。自我反思是学习型组织中不可或缺的一部分，它促使员工反思自己的行为和思维方式，识别并改正思考偏差和错误。例如，企业可以鼓励员工定期进行自我评估，回顾自己的工作和学习过程，识别改进的领域。而组织层面的反思也同样重要，企业应定期评估组织的运行方式、决策过程和文化氛围，寻找提升空间。

（三）建立共同愿景

共同愿景的形成应当是一个包容和参与的过程，它要求组织中的每个成员都在其中发挥作用。这一过程不仅关乎高层管理者的决策，更涉及基层员工的积极参与。通过开放的讨论，组织成员可以共同探讨和制定组织的价值观和长期目标，从而增强他们对组织目标的认同感和归属感。一个明确且被广泛接受的共同愿景对组织来说尤为重要，它不仅能为组织提供清晰的发展方向，还能激发成员的热情和创造力，使组织集中资源，朝着共同的目标迈进。

建立共同愿景后，实现这一愿景是学习型组织的下一个重要任务。

为了实现共同愿景，组织需要制订具体的行动计划，并确保该计划得到有效执行。这可能涉及调整组织结构、优化管理流程、增强员工技能等多个方面。维护和强化共同愿景是一个持续的过程，组织应定期评估愿景的实现进度，并根据外部环境的变化适时调整愿景内容。组织还应持续强化愿景在日常运营中的指导作用，通过内部沟通、培训和团队建设活动，不断提醒和激励员工关注和促进共同愿景的实现。

（四）团队学习

组织可以定期安排团队会议，讨论当前的项目进展、面临的挑战和学习机会，鼓励团队成员参与跨部门或跨专业的协作项目。这种跨领域的合作能够激发不同的观点和想法，提高团队解决复杂问题的能力。尽管团队学习具有显著的益处，但在实践中也面临一些挑战。例如，团队成员可能因为背景、经验或思维方式的差异而出现沟通障碍。为了克服这些挑战，组织需要采取相应的策略：一方面，组织应培养开放和包容的团队文化，鼓励成员表达自己的观点，同时尊重和倾听他人的意见；另一方面，组织应提供沟通技巧和团队合作方面的培训，帮助团队成员提升在多元化环境中有效沟通和协作的能力。

（五）系统思考

实施系统思考要求组织和个体能够认识到问题的多维性和相互连通性。在学习型组织中，决策者和员工被鼓励从整体的角度出发，考虑他们的决策和行动如何影响整个系统，包括理解不同部门、流程和利益相关者之间的相互作用及其对组织目标的影响。例如，一个部门的策略调整不仅影响该部门的运作，也可能对其他部门甚至整个组织产生连锁效应。通过实施系统思考，组织能够更有效地制定策略和解决问题。

但系统思考的实施存在一定挑战，主要是因为它要求组织和个体从传统的线性和简化的思维模式转变为更加复杂和动态的思维模式。为了克服这些挑战，组织需要为员工提供相关培训，鼓励员工参与跨部门的项目，让他们在实践中学习如何应用系统思考。组织还需要建立一种鼓励探索和质疑的文化，使员工能够自由地讨论和分析问题的各个方面，进而更有效地解决问题。

第三节　知识管理

一、知识管理的内涵

知识是一个涵盖信息、洞察力、经验等多方面内容的概念，包括但不限于实践、教训、直觉和理性思维。对于企业而言，其知识资本是由方法、工具、培训、数据、思考和经验等构成的综合体，这些元素在企业的经营管理活动中扮演着至关重要的角色。知识可以分为显性知识和隐性知识两种，显性知识是那些可以被看到、理解并记录下来的知识，而隐性知识更多地存在于人们的思想、经验和实践之中。

知识管理的目的在于寻找新的方法促进显性知识和隐性知识的共享，从而促进企业的快速发展。知识管理是一个系统化的流程，涉及获取、创造、整合、学习、分享和使用信息的过程，旨在提高洞察力和积累经验，从而帮助企业实现其目标。知识管理本身是一个过程，个体可以通过这一过程学习新知识、获得新经验，并将这些新的知识和经验分享出来，以促进个人能力和组织价值的提升。在这个过程中，数据是未经加工且没有特定含义的原始材料，而信息是带有特定含义的数据，与个人、团队或组织密切相关。当信息被应用时，它们便转化为知识。知识管理的终极目标是企业通过开发、组织、整合和共享知识来获得竞争优势，从而在激烈的市场竞争中保持领先地位。

知识管理的显著特征之一是其以人为本的理念，这在对隐性知识的重视中表现得尤为明显。对于以知识为核心的组织而言，隐性知识是推动知识创新的关键，员工在发现和解决问题的过程中表现出的能力、工作经验和判断力以及在决策过程中展现的洞察力和前瞻性，都是隐性知识的具体体现。由于隐性知识未被文字明确记录，过去的管理实践往往忽视了其价值。但是，随着人们对隐性知识与知识创新之间紧密联系的日益认识，隐性知识的重要性受到越来越多的关注。

知识管理的核心任务是构建一种机制，促进隐性知识和显性知识之间的互动。这种机制能够帮助个体将隐性知识表达出来，并将其转化为组织共享的知识。组织拥有的知识库和信息交流平台能促进个体对集体隐性知识的内化，从而促使个体在不断的发展和成长中获益。从这个角度看，工作不仅仅是简单的产出过程，更是一个不断学习、进行知识输入和输出的循环过程，这正是学习型企业的本质所在。对隐性知识价值的认识改变了人们对员工价值的评估方式，并促使组织的信息管理与员工的工作需求紧密结合，为组织带来更深层次的发展和进步。

知识管理在拓展人们对知识范畴的理解方面做出了重大贡献。经济合作与发展组织提出的知识框架中涵盖显性知识（如从书本或教育培训中获得的原理性和事实性知识）和隐性知识（如在实践活动中获得的技能知识，以及与人际关系网络相关的知识）。以往的信息管理通常将重点放在已发布的数据和知识成果上，而这些只是知识创新过程的最终产出。然而，在这些成果形成之前，整个知识创新过程实际上是由大量显性知识和隐性知识共同构成的，这些知识相互交织、相互激发、相互转化。从这个角度来看，传统的信息管理主要关注对成果的记录，而知识管理更侧重于将个人、信息资源和信息平台整合到一个共享和交流的环境中。知识管理的核心目标是提升个体的决策和行动能力，以此促进整个组织的发展和进步。

在企业管理的实际操作中，许多问题与知识管理存在直接或间接的联系。例如，一些企业（特别是知识密集型企业，如软件公司、咨询机构、研究所等）对自己拥有的知识及其存储位置缺乏清晰认识，导致在新项目启动时，员工往往需要花费大量时间去重新开发已有的知识，造成不必要的资源浪费。同样，有些企业对自己比竞争对手缺少的知识缺乏了解，盲目进行投资，最终导致项目失败。还有一些企业对人才流失可能带走的隐性知识也没有清晰认识，缺乏有效措施来最小化这种损失，这些长期存在的问题需要用新的视角来解决。在当前的时代背景下，尽管信息量过剩，但真正有价值的知识，尤其是隐性知识，却相对稀缺。当人们的工作和决策被大量质量参差不齐、毫无关联的信息所淹没时，能够洞察本质、识别真正有价值的信息就显得尤为重要，此时，人们的战略视野、经验、直觉和洞察力便成为筛选和评估信息的重要工具。因此，知识管理实际上是对人力资本价值的再次重视、对智力资本价值的再审视，是继数据管理和信息管理之后迈上的新台阶。它强调的不只是信息的管理，更关注如何从海量信息中提炼、保存和应用那些对企业真正有价值的知识，以便提升企业的核心竞争力。

在一定程度上，企业管理可以被理解为知识管理。在企业管理中，人力资源管理占据重要位置，因为其涉及创造一个让员工充分发挥才能的环境，包括建立对知识管理友好的企业文化和相应的激励机制。这样的管理旨在促进个人知识向组织知识的转化，鼓励个人隐性知识的共享和显性化，并将这些知识有效地应用于产品和服务创新中。市场上具有竞争力的产品往往包含了多种创新元素。企业管理的另一个重要方面是物资管理，这需要深入了解相关物品的信息和知识。项目管理也是企业管理的关键组成部分，它涉及对项目进度的监控和对人力、物质资源的有效配置。在项目管理中，知识和信息的管理尤为重要，并需要结合人事部门对员工专长的了解，以确保不同工作岗位被赋予具有相应知识专长的人员。

二、知识管理的特征

（一）知识管理不等于信息管理

知识管理在企业中的应用与传统的信息管理有着本质的区别，尽管两者都与处理和利用企业内部的数据和资源相关，但它们的焦点和方法存在显著差异。

1.焦点差异：深度与广度的区分

信息管理主要关注数据的收集、存储和传递，重点在于信息的准确性、可访问性和安全性，通常涉及大量的数据处理，如数据输入、处理和报告，强调的是信息的广度和量的管理。相比之下，知识管理更加关注数据背后的深层含义和背景，其核心是如何将这些数据转化为对企业有用的知识。知识管理既包括对显性知识的处理，还涵盖对隐性知识的挖掘和利用。隐性知识通常包含个人经验、直觉和专业技能，这些是不能简单通过数据和信息系统进行管理的。知识管理的目的是通过理解和分析这些信息，提取对企业战略和运营有价值的信息。

2.方法差异：线性与交互性的区分

信息管理通常是线性和结构化的，强调信息流的效率和准确性。而知识管理更注重交互性和创造性，鼓励员工之间交流和共享，强调通过团队合作和社会互动促进知识的流动和创新，包括组织内部的知识共享，以及从外部获取新知识和最佳实践的过程。知识管理还强调促进新知识的创造，这通过鼓励员工进行批判性思考、创新实验和问题解决来实现。知识管理还涉及将这些知识有效地应用于企业的决策和操作中，为企业带来实际的竞争优势。

（二）知识管理将知识共享作为核心目标

知识管理的一个主要目标是促进相互协作，营造一种知识共享的氛围。知识的发展依赖交流和使用，新知识的产生往往源自现有知识的应用和迭代，知识交流的广度和深度越大，其效果越显著。只有当知识被广泛共享时，知识的拥有者才能获得最大的收益。如果员工因为害怕失去在企业中的地位而隐瞒知识，或者企业为了保密而设置过多知识共享的障碍，那么将极大地阻碍企业的发展。没有充分的交流，知识就无法被广泛共享，也就无法为企业的发展做出最大贡献。

在企业内部实现知识的广泛共享并非易事，它对企业知识管理构成了巨大挑战，这种挑战的难度并不亚于与竞争对手实现知识共享。在处理知识产权归属问题时，企业应从促进知识生成和传播的角度出发，使所有员工都能共享科研开发的成果，进而激励员工积极参与知识的创造和交流。将分散在不同员工头脑中的零散知识整合成为一股强大的知识力量，是知识管理追求的目标。通过对知识的积累和应用的有效管理，企业能够更好地利用人才资源，提高对市场变化的应变能力和创新能力。

三、知识管理的类型

（一）控制型

控制型的管理风格以领导层对员工知识和诚意的不信任为特点。在这种风格的管理中，领导者可能会关注外部信息，但他们主要依赖自己的经验进行信息收集和解读。领导者通常会发出连续的指示给员工，而很少考虑或听取员工的意见，组织内的关系网络往往被领导者严格控制，这限制了信息和知识在组织内部的自由流动。

在控制型的管理中，员工的积极性和创造力可能被抑制。由于领导层的过度控制，员工在解决问题和做出决策时的自主性受到限制，且员工的知识和经验得不到充分利用和尊重，这可能导致组织内部缺乏创新和适应性。长期而言，控制型管理风格可能会导致员工的不满和动力下降，进而影响组织的整体效能和市场竞争力。

（二）专家型

专家型管理风格的核心在于领导者对专家知识和意见的重视，表现为领导层通常倾向于听取并依赖内外部专家的建议和见解。在这种管理模式下，有经验的员工对新员工的指导和培养受到鼓励，容易形成一种非正式的传帮带体系，尽管存在培训制度，但这些制度往往缺乏正规化和系统化。这种管理风格的问题在于虽然有沟通渠道，但决策更多依赖领导层和专家的观点，普通员工的意见和知识往往不会对最终决策产生太大影响。这种模式虽然能够充分利用专家的知识和经验，但也可能导致员工感到自己的贡献被忽视，影响员工的参与感和满意度。长期而言，专家型管理风格可能会限制组织创新能力的发展，因为它降低了普通员工提出创新想法和解决方案的机会。

（三）交流型

交流型管理风格的特点在于建立了正规的培训体系和公共资料库，为员工提供了充分的学习和交流机会。在这种管理模式下，组织重视并投资于员工的培训和职业发展，通过系统化的培训计划确保员工能够获取必要的技能和知识。而公共资料库的存在使得知识和信息可以被组织内的所有成员访问和利用，有利于促进知识的共享和传播。交流型管理风格的另一个显著特点是鼓励员工之间进行多种形式的交流，包括团队会议、工作坊、在线论坛或其他形式的协作活动，员工被鼓励分享自己的观点和经验，以夯实组织内部的知识基础。更重要的是，在交流型管理中，员工的意见能够影响组织的决策过程，开放和包容的环境既提高了员工的满意度，也促进了组织内部的创新。

（四）开发型

开发型管理风格的显著特征在于建立了完善的知识开发和共享制度，组织除重视知识的积累和整合外，还强调知识的创新和应用。持开发型管理风格的企业会为员工提供广泛的机会和平台，鼓励员工分享他们的知识和专业经验，员工被激励把自己的知识和关系网络融入工作中，从而促进整个组织的知识增长和创新能力。

（五）网络型

网络型管理风格的主要特点是利用网络技术使知识管理成为系统化和日常化的过程。网络技术作为组织管理的重要工具，能够大大提高知识收集、传播和利用的效率。知识管理通过网络平台变得更加快捷和有效，使得知识资源可以在组织内迅速流通，促进信息共享和知识创新。在网络型管理中，知识管理成为组织日常活动的核心部分，企业通过在线数据库、内部社交平台和协作工具等，实现知识的即时更新、存储和共享，员工可以轻松访问这些资源，以提高工作效率和问题解决能力。此外，网络型管理通过促进跨部门和跨地域的协作，打破了传统的组织界限，使得知识能够在更广泛的范围内流动。

四、知识管理的作用

（一）解决企业在知识经济时代面临的主要问题

1.促进创新和适应市场变化

在知识经济时代，企业面临着快速变化的市场和激烈的竞争，而知识管理能够使企业有效地利用内外部的知识资源，促进创新。通过收集和分析市场数据、客户反馈和竞争对手的动态，企业可以快速响应市场变化，调整其产品和服务以满足消费者需求。知识管理鼓励员工分享他们的想法和经验，这有利于激发新的创意和解决方案。这些创新不限于产品和服务的改进，还包括业务流程的优化和管理实践的创新，旨在帮助企业在竞争中保持领先地位。

2.提高效率和降低成本

知识管理能够帮助企业提高运营效率和降低成本。通过建立有效的知识管理系统，企业能够确保员工轻松地访问到他们所需的信息和知识，从而减少时间浪费和避免重复劳动。例如，当一个项目团队能够快速地找到以往项目的资料时，他们就能够避免重复过去的错误，更加高效地推进项目进度。知识管理还有助于企业更好地识别和利用内部的专业知识，减少对外部咨询和服务的依赖，进而降低成本。通过优化资源配置和提高工作效率，知识管理为企业带来了实实在在的经济效益。

（二）提高企业的竞争能力

通过有效管理和利用组织内外部的知识资源，企业能够更快地适应市场变化、响应客户需求和优化产品与服务。知识管理强化了企业的创新能力，使其能够不断推出新的产品与服务，从而在市场中占据优势地位。此外，知识管理有利于促进组织内部的学习和知识共享，提高员工的技能和效率，增强整个组织的运营效率。通过优化决策过程、减少错误和重复工作，企业能够在成本效益和市场反应速度上取得优势。

（三）使企业获得和保持竞争优势

一方面，知识管理通过优化知识获取、分享和应用的流程，能够加速企业的创新过程。在快速变化的市场环境中，企业需要不断地更新产品和服务以满足客户需求，而知识管理能够使企业有效地利用内外部的知识资源，快速响应市场变化，推动产品和服务的创新。例如，通过分析客户反馈和市场趋势，企业可以及时调整其产品开发策略，使之更加符合市场需求。

另一方面，知识管理通过降低重复劳动和错误，能够提高企业的运营效率，增强成本竞争优势。企业通过建立有效的知识库，使得员工能够轻松访问到先前项目的经验、教训和最佳实践，从而避免重复工作和可能的错误，减少工作时间和资源浪费，提高决策的质量。知识管理能支持企业进行更为精准的市场定位和策略规划，通过深入分析市场数据和消费者行为，帮助企业发现新的市场机会和潜在的增长点。

五、知识管理的策略

（一）非技术性策略

1. 企业高层的重视和支持

国内外的经验表明，如果没有来自企业高层的支持，知识管理很难有效实施。知识管理通常需要大量的投资，如果企业高层不给予足够的重视和支持，知识管理很可能仅停留在口号上，无法得到有效执行，更不可能为企业带来预期的效益或提升企业的核心竞争力。

2. 建立完善的知识管理体系

建立完善的知识管理体系包括构建知识管理的组织结构和制度框架。在组织结构方面，应指定专门的知识管理负责人，建立知识管理小组和知识中心。在制度框架方面，需要制定一系列规章制度来确保知识在企业内部的持续流通和共享。例如，明确员工在知识管理中的职责，并制定相应的激励措施鼓励知识的创造和分享。

3. 构建一个有利于知识流通的企业组织结构

企业可以通过业务流程重组来优化组织结构，从而更好地促进知识的流通和分享。业务流程重组的实施可以减少组织层级，扩大管理幅度，加强高层管理者与普通员工之间的直接沟通，确保信息在管理层和员工间的有效传递，从而创造出一种网络化的组织架构，确保知识在组织内部的自由流动和广泛传播。

企业的网络组织结构涵盖两个重要的方面。一方面，通过减少管理层级，确保信息能够在高层管理者和普通员工之间快速流通，目的是缩短信息传递的路径，加快决策过程，提高管理效率。另一方面，网络组织结构通过打破部门间的界限（尽管部门分工依然存在），促进了信息和知识在水平方向上的迅速传播，这一做法将企业转变为一个扁平化、部门界限模糊的网状联合体，促使信息流动迅速，部门间的摩擦减少。在这样的结构中，各工作单元形成了一种联盟，而非严格意义上的等级排列，工作单元与核心机构处于平等地位，相互依赖，共同合作。在网络组织结构中，企业成员的角色是动态变化的，不再是固定不变的，网络中的工作单元可能是稳定的，但它们之间的关系是基于特定项目的需求形成的，一旦项目结束，这些关系就会相应调整。在这种组织结构中，个体的地位不再由其职位决定，而是由其拥有的知识和人际网络决定，这与传统层级结构中职位决定权力的观念形成了鲜明对比。在这种去中心化的网络组织结构中，个体的影响力源自其知识和社交能力。

4.培养知识导向型的企业文化

知识导向型的企业文化视知识为企业最宝贵的资源，重视知识的获取、创造、交流和利用。知识导向型企业文化的关键是对新知识的欢迎态度，以及在持续学习的环境中创建相互信任和知识共享的氛围。在这样的文化中，员工被鼓励分享他们的知识和经验，这既有利于促进组织内的创新，还有利于增强团队间的协作和信任。

（二）技术性策略

知识管理技术的广泛应用旨在为开放式的交流提供全面的技术支持平台。这包括构建企业知识库和企业知识门户网站两个关键组成部分。

企业知识库的主要作用是存储公司的最佳实践、专家名录等关键信息。知识库的建立依托于先进的知识库技术，知识库技术的核心是知识地图技术。知识地图技术以直观的方式展示公司知识目录中的资源，便于员工浏览和获取所需信息。此外，数据挖掘、分析和提炼技术也对知识库的构建起到了重要作用。这些技术帮助企业有效地管理和利用其知识资源，提升知识的应用效率。

企业知识门户网站旨在利用电子邮件、网络论坛、浏览器等工具，为知识的交流和共享搭建一个平台。网络技术和群件技术的结合极大地促进了这一目标的实现。网络技术涵盖网络通信技术和局域网共享技术等，而群件则是专门用于支持群体协作的软件，一般包括电子邮件、文档管理和工作流程等几部分。除此之外，还有多种其他技术与个人及组织的知识创造、记录、管理和传播密切相关，如行为支持技术、仿真技术等。

六、知识管理的实施步骤

企业在实施知识管理时，应遵循以下步骤，如图 7-2 所示。

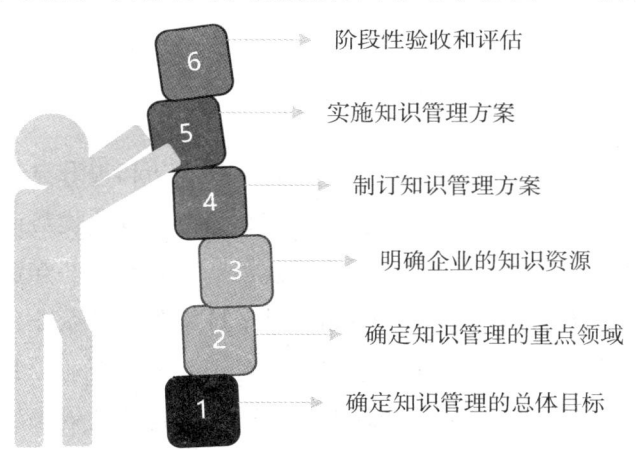

6 阶段性验收和评估

5 实施知识管理方案

4 制订知识管理方案

3 明确企业的知识资源

2 确定知识管理的重点领域

1 确定知识管理的总体目标

图 7-2　知识管理的实施步骤

（一）确定知识管理的总体目标

实施知识管理的首要步骤是确定知识管理的总体目标，它为后续的知识管理活动提供了方向和依据。确定总体目标时，企业需要深入分析自身的业务需求、市场环境、内部资源和长远发展战略。知识管理的总体目标通常包括增强企业的创新能力、优化决策过程、提升组织效率和竞争力等，旨在确保知识管理活动能够直接支持企业的核心业务，并为企业带来实际的商业价值。例如，如果企业的重点是产品创新，那么知识管理的目标应侧重于促进创新思维和加速新产品的研发过程；如果企业面临激烈的市场竞争，知识管理的目标则集中在提高市场响应速度和客户服务质量上。

在确定知识管理的总体目标时，企业还需要考虑组织文化和员工的接受度。成功的知识管理不仅是技术和流程的问题，更是文化和人的问题，目标的制定需要得到员工的广泛认同，并鼓励他们积极参与其中，以激发员工分享知识，促进团队合作，从而推动整个组织向学习型组织发展。

（二）确定知识管理的重点领域

这一步骤要求企业精确地识别出那些对其成功和提升竞争力至关重要的知识领域，这些领域往往与企业的核心业务、竞争优势或创新能力直接相关。①企业需要进行深入的内部分析，以确定哪些知识和专业技能对实现其商业目标至关重要。例如，对于技术驱动的企业，其重点在于研发、产品创新和丰富专业技术知识；对于服务型企业，其重点集中在客户服务、市场分析和关系管理上。通过明确这些关键领域，企业可以更有效地集中资源，强化这些领域的知识积累和创新。②重点领域的确定还涉及对外部市场环境的分析，因此，企业需要考虑市场趋势、客户需求和竞争对手的行为，以确保所选定的知识领域与外部环境的变化保持同步。例如，随着市场的变化，某些技术或业务模式可能变得更加关键，企业需要及时调整其知识管理的焦点，以适应这些变化。③确定重点领域的过程应该包括对组织文化和员工能力的考量，知识管理的成功既取决于技术和流程，还依赖员工的参与和支持。因此，企业需要评估员工的知识背景和技能，以及他们对知识共享和协作的态度，确保知识管理的重点领域与员工的能力和组织文化相匹配。

（三）明确企业的知识资源

一方面，企业需要识别其拥有的显性知识资源，如文件、报告、流程指南和案例研究，它们通常以文档或电子数据的形式存在，记录了企业的关键信息和经验，是知识共享和传播的重要基础。企业要确保这些资源易于访问和理解，且能够被所有相关人员有效利用，同时要重视对这些知识资源的维护和更新，以保持其准确性和实用性，这可能涉及定期审查现有资源，移除过时的信息，以及加入最新的行业见解和实践经验。

另一方面，企业需要识别和理解其隐性知识资源，包括员工的技能、经验、直觉和创新能力。隐性知识是企业获得竞争优势的关键，但它不易于捕捉和量化，企业可以通过访谈、调查和观察等方法来识别这些知识。隐性知识的识别有助于企业更好地利用现有员工的技能，也有助于企业发现需要进一步培养和发展的领域。

（四）制订知识管理方案

第一步，企业需要进行全面的需求分析，了解员工在知识获取、分享和应用方面的具体需求，包括对员工的工作流程、日常挑战和信息需求进行深入了解。通过调查、访谈和工作坊等方式收集信息，企业可以识别知识管理方案中应优先解决的问题。

第二步，企业在制订知识管理方案时应考虑到知识管理的不同组成部分，包括知识的创建、存储、共享和应用。知识管理方案中应明确如何激励和支持员工创造新知识，如何构建和维护一个高效的知识存储系统，以及如何通过技术和文化促进知识的共享。例如，企业可以通过建立奖励机制来鼓励员工分享知识，通过引入先进的信息技术系统来支持知识的存储和检索，以及通过培训和团队建设活动来强化企业内部的知识分享文化。

第三步，制订知识管理方案需要考虑实施和评估机制，包括设定清晰的实施时间表、负责人和预算，以及建立有效的监控和评估系统，以跟踪方案的进展和成效，从而确保知识管理活动与企业的整体战略保持一致，并根据反馈及时调整和优化。

（五）实施知识管理方案

企业应按照既定的知识管理方案进行具体操作，同时确保方案的有效性和可持续性。在实施过程中，确保方案与企业的整体战略和目标紧密相连至关重要，这意味着知识管理的各项活动和举措必须支持企业的核心业务和长期发展。例如，如果企业的主要目标是创新和市场领先，那么知识管理方案则应重点支持研发和市场洞察方面的知识分享。另外，企业需要不断监控方案的进展情况，并确保所有相关部门和员工都能理解并参与到知识管理活动中。有效的沟通和培训是实施过程中的关键环节，企业应通过各种渠道和方法，如工作坊、培训会议等，向员工传达知识管理的重要性和相关操作流程。同时，通过培训和辅导，帮助员工掌握必要的技能，如知识数据库的使用、有效的沟通技巧等，以提高员工的参与度，增强方案的实施效果。

（六）阶段性验收和评估

阶段性验收的目的在于定期检查知识管理活动是否按照预定计划进行，同时评估其对企业目标和战略的贡献程度，包括评估知识分享、知识创新、员工参与度等关键指标。通过这种定期检查，企业能够及时发现实施过程中存在的问题，并有针对性地进行调整。例如，如果企业发现员工参与度不高，需要进一步分析可能的原因，并采取措施提高员工的参与度。

阶段性评估还需关注知识管理的实际成效，包括知识管理对企业运营效率、创新能力和市场反应速度的影响，这要求企业建立有效的评估体系和指标，以量化知识管理的效益。在评估过程中，企业可以采用多种方法，如员工访谈、问卷调查、性能数据分析等，全面了解知识管理的实际影响。除了评估短期成果，还要关注知识管理活动是否能够长期为企业带来价值，为此，企业需要考虑如何将知识管理深度融入企业文化和日常运营中，以及如何持续优化知识管理的流程和系统。

第四节　柔性管理

一、柔性管理的基本理念

柔性管理是一种创新的管理策略，与传统的刚性管理形成鲜明对比。刚性管理以规章制度为核心，强调对员工的约束和控制，而柔性管理以人为中心，注重人性化管理。柔性管理的本质是对稳定性和变化性的双重管理，旨在适应快速变化的市场环境和消费者需求。

随着科技的快速发展和全球化进程的加速，市场环境和消费者偏好正在发生剧烈变化，产品生命周期缩短，全球市场趋于饱和，消费者的偏好变得越发多样化和个性化。在这样的背景下，柔性管理显得尤为重要。这种管理方式的核心任务是在看似混沌的市场现象中建立秩序，预测市场的未来走向，识别未被满足的需求和未开拓的市场，灵活应对即将到来的变化。柔性管理代表了企业管理的新革命，它的出现标志着企业管理从 20 世纪的经验管理向以人为本的管理的转变。柔性管理强调快速响应、灵活性和适应性，重视平等、尊重、创造力和直觉。在柔性管理下，信息共享、虚拟整合、竞争性合作、差异性互补和虚拟实践社团成为实现知识转化和获得竞争优势的关键。柔性管理还以思维方式从线性到非线性的转变为基础。

线性思维强调的是顺序和历时性，而非线性思维突出共时性和同步转型，这种同步转型包括三个方面。

（一）拉式战略与推式战略的同步

拉式战略与推式战略是企业在市场定位和产品开发方面的两种不同策略。拉式战略侧重于根据市场需求和顾客偏好调整企业的资源和经营行为。在这种策略下，企业通常与顾客达成协议，承诺在未来某个时间点提供特定规格和品质的产品，为了实现这一承诺，企业需要根据对顾客的承诺规划生产流程和零部件采购，并精确计算成本。拉式战略的特点是灵活性和快速响应市场变化，能够迅速推出新产品以满足顾客需求。

相比之下，推式战略则是基于企业的现有资源、能力以及对市场的理解明确产品开发方向。这种策略从当前资源出发，逐步向前推进，每完成一个阶段的工作后，再触发下一阶段的活动。推式战略的产品开发过程是线性的，包括研究、开发、制程设计、制造和营销等阶段。因此，这种策略通常缺乏对市场变化的快速响应能力，调整产品规格和品质的能力也较弱。

在拉式战略中，所有的生产经营活动都是并行的，产品的开发可以源自企业的任何部门，充分体现了该战略的灵活性和市场导向。而在推式战略中，各个环节严格按照既定顺序进行，这容易限制企业对市场需求的快速响应。

（二）稳定与变化的同步

科学管理所采用的是一种单向的时间观念，侧重过去、现在和未来的线性连续性，这种时间观念关注的是在时间流逝中出现的各种差异，即历史的进程。与之相对的是柔性管理中的同步时间观，这种观念更关注在不同时间点重复出现的基本要素，即产品的"基因"。这些基本要素被视为所有产品的共通之处，为产品的智能化、个性化和人性化提供了基础。同步时间观有助于最大限度地利用现有的能力和技术，以最小的成本实现最大的利益，它的主要优势在于能够高效利用已有技术，其缺点在于容易忽视特定技术的进步和发展。因此，在追求稳定与变化同步的策略中，企业应同时关注差异性和"基因"，以确保在市场中保持领先地位。

（三）根回与融合的同步

根回是指深入研究与企业生存紧密相关的所有方面，并对这些方面进行密切关注。这包括关注企业内各部门间的关系、领导与下属的关系、企业与顾客之间的互动，以及企业与其他企业的竞争与合作关系。通过深入理解这些关系和互动，企业可以更好地把握市场动态和内部管理的有效性，从而在稳定和变化之间找到恰当的平衡点。而融合则是新的理念、新的技术、新的管理方式、新的运作方式等的结合，融合是创新的重要源泉。理论与实践都已证明，同步的东西将会融合，财富来自同步的相关理念、技术、结合方式的融合。

二、柔性管理的特征

（一）内在的驱动性

柔性管理的内在驱动性源自企业对员工的充分了解和对其潜力的充分信任。在这种管理模式下，企业不是通过严格的规章制度指挥和控制员工，而是通过激发员工的内在动机，使他们主动参与企业的发展和创新。

1. 内在驱动性的培养依赖企业文化的塑造

当企业文化鼓励员工发挥自己的创造力和才智时，企业更可能为员工营造一种自由和开放的工作环境，使员工感到自己的工作对企业有重要贡献。在这样的文化氛围中，员工的工作动力更多来自个人成就感和对工作的热情，而非外在的压力或命令。企业通过提供终身学习和个人发展的机会，进一步激发员工的内在动力，让他们看到个人成长和企业成功之间的直接联系。

2. 内在驱动性的实现依赖管理层对员工的信任和授权

在柔性管理模式下，管理者会更依赖和信任员工，赋予他们更大的自主权和决策能力，这种做法既有利于提高员工的工作满意度和忠诚度，也有利于促进更高效和创新的工作方式。此时，管理者的角色更多地转变为指导者和协调者，他们通过支持和指导帮助员工实现个人目标和企业目标的一致性，这种基于信任和授权的管理方式能够有效提升企业的灵活性和适应能力，促使企业在不断变化的市场环境中保持竞争力。

（二）影响的持久性

柔性管理深刻影响着企业文化和员工行为，能够产生长远的积极效果。与传统的刚性管理相比，柔性管理更注重员工的成长和发展，强调员工自主性和创新能力的培养，这种以员工为中心的管理方法不仅能在短期内提升员工满意度和工作效率，更能在长期内塑造一种积极主动、不断创新的企业文化。员工在这样的环境中更容易感受到自己的价值和成就，并长期保持对企业的忠诚度和工作热情。此外，柔性管理通过促进开放和自由的沟通，能够加强团队间的合作，这也是一种长期的积极影响。这些因素的共同作用，使得柔性管理既可以改善企业当前的工作环境和业绩，又可以为企业的可持续发展和长期成功打下坚实的基础。

（三）激励的有效性

柔性管理模式下的激励机制不仅侧重于物质奖励，更重视情感层面的激励。这种管理模式通过理解和尊重员工的个人需求和职业目标，创造一种积极的工作环境，激发员工的内在动力。员工在这种环境中能感受到个人价值和成就的实现，从而产生更强烈的工作热情和创造力。柔性管理还强调目标的共享和员工参与，能够使员工在实现企业目标的过程中感受到自己的贡献和影响，这种参与感和责任感是激发员工潜能的重要因素，有助于提高员工工作效率和团队合作质量。

三、柔性管理与刚性管理的比较

（一）目的和方式不同

刚性管理的核心在于以任务完成为中心，运用规范化的管理制度和强制性手段指导员工。在这种管理模式下，管理者很少运用例外原则，而是坚决地按照既定的规章制度处理各种事务，而被管理者通常处于较为被动的位置，缺乏参与管理与决策的机会，主要工作是执行管理者设定的任务和规定。相较之下，柔性管理更注重员工的主动参与，肯定员工的主体地位，强调尊重员工及其劳动成果，鼓励员工参与到组织管理中来，这不仅能增强员工的工作积极性，也能提升团队协作能力。柔性管理采用更为科学和合理的方法，强化员工对组织文化的认同，从而使员工的个人价值观与组织文化相融合，进而增强组织的凝聚力，推动组织的发展。

在柔性管理下，企业容易形成一种积极的文化氛围，有助于员工树立正确的价值观，自觉遵守规章制度，并用其规范自己的行为。执行柔性管理的管理者需要具备出色的工作能力和高尚的人格品质，以赢得员工的信任和支持，还需要密切关注员工的工作表现，鼓励他们参与组织管理，实现自我管理与相互管理，从而不断提升员工的综合素质。

（二）对人员素质要求不同

刚性管理强调管理者的决策能力，而对员工的要求相对较低。在这种管理模式下，管理者一旦做出决策，员工则需要严格按照规定的规章制度执行任务。这种管理风格通常更适用于学历较低、需求层次不高的员工，为这类员工设定固定的制度和任务，他们通常能够按要求完成工作。与此相对，柔性管理倡导员工参与管理过程。这种管理模式要求员工具有较高的素质，包括一定的决策能力和自主管理能力。柔性管理更适用于学历较高、需求层次较高的员工，给予这些员工一定的自主决策权，可以更好地激发他们的工作积极性。这类员工往往需要在具有挑战性的环境中工作，以满足他们的自我发展需求。

（三）适用环境不同

在适用环境方面，刚性管理通常更适合于稳定的工作环境，如市场竞争不激烈或占据垄断地位的行业。在这类环境中，管理者可以依据一套固定的标准和指标来制订发展计划，并按计划稳步实施管理任务。相反，柔性管理更适合于市场竞争激烈的环境。在这类环境中，企业为了实现持续发展，需采用柔性管理策略，以便迅速适应市场的变化，并做出科学合理的决策。因此，企业需要既具备创新能力又具备管理能力的员工，从而有效地提升企业的凝聚力和适应力。

（四）对员工工作动机的影响不同

刚性管理通常以任务完成为主要评价标准。在这种情况下，素质高的员工可能会不断追求工作上的改进，以提高自己的技能和绩效。但这种竞争态势可能会破坏团队内部的和谐关系，因为为了争夺晋升机会，高素质员工可能会投入激烈的工作竞争中，消耗大量精力在非生产性的竞争上，这可能会导致一些优秀员工因未能实现晋升目标而选择离职，使企业失去宝贵的人才资源。而能力较差的员工在这种竞争中得不到必要的支持和帮助，只能获得较低的报酬，因而工作积极性不高，也不愿意参与更深层次的管理和决策过程。

相反，柔性管理更注重团队合作和整合员工的个人目标与组织目标。在柔性管理下，员工被鼓励积极应对工作中的挑战，持续提升自己的创新能力，这有助于从整体上提高企业的生产效率，确保员工的个人成长和职业发展得到充分的重视。

四、柔性管理的实施要素

（一）以满足顾客的需求和偏好为经营导向

柔性管理不仅重视向顾客提供物品，更注重提升顾客的价值体验，使其在消费过程中获得超出预期的满足感。与传统的"供给创造需求"的观念不同，柔性管理将顾客的需求和偏好视为核心。在这种管理模式下，企业的利润不仅取决于生产能力，更依赖对顾客需求的深刻理解和迎合顾客偏好的能力。柔性管理强调，只要能有效地将顾客的需求与偏好转化为具体的物品或服务，利润便是这种转化的自然结果。柔性管理的核心在于制订能够提升顾客价值的方案，解决顾客关注的问题，并将顾客潜在的愿望或需求转化为明确的产品或服务。这要求管理者既要准确捕捉顾客的需求与偏好，还要能够创新性地将这些需求与偏好转化为顾客满意的产品，从而创造出"这正是我想要的"体验。

（二）以促进学习、激发灵感和洞察未来作为管理的基本职能

在网络时代，管理的基本职能已从科学管理时代的决策转变为寻找知识转化的路径和节点。市场的不确定性使得管理的核心作用变为促进学习、激发灵感和洞察未来。管理者的任务是激励、整合和协调一线员工的努力和贡献，并将一线员工的创新理念融入企业发展的整体战略框

架中。如此，企业的发展和进化过程便成为由发达部件以最优化的方式组合的有机体，进而能够在不断变化的市场中保持竞争力和创新力。

（三）将虚拟实践社团作为创新的源泉

在动态变化的市场中，识别和捕捉潜在需求与偏好是一项挑战，这不仅需要大量信息的积累，更依赖敏锐的洞察力和灵感。在网络时代，市场需求结构的不断变化要求企业发挥创新力量，构建一个智能化的企业体系，持续获取新的竞争优势。为此，企业需要构建多样化的虚拟实践社团，这些社团致力于为企业的发展提供具有创新性的建议和方案，增强企业的主动学习能力，从而使企业转变为一个真正的学习型组织，这是企业保持竞争力的关键。虚拟实践社团以合作为核心，本质特征是以顾客需求为中心，以把握机会为基础，并基于一套明确的、建立在协议之上的目标进行运作。

（四）以网络式组织取代层级组织

科学管理时代金字塔形的层级结构层级过多、信息传递渠道单一且反应迟缓，各职能部门之间隔阂明显，信息在上下级间的传达也常出现扭曲或失真。相比之下，网络式组织中的各部分相对独立，它们之间形成了融合共生的关系，无明显边界划分。采用网络式组织，能够显著提升信息传递速度和工作效率，加强部门间的相互交流，增强企业与市场反馈的敏感性，提高企业的反应速度和灵敏度。这种组织结构使企业能够更加迅速地把握市场机遇，有效应对市场的变化和挑战。

（五）以企业再造为手段

企业再造专注于调整企业的经营模式，为实施柔性管理创造条件。企业再造的过程涉及在更宏观的层面上重新定义企业对市场的响应方式、识别潜在市场机会以及创造新市场。在这一过程中，企业需要重新定位自己在市场中的角色，以实现更有效的市场适应和竞争。企业再造强调提升员工及整个组织的学习能力，目标是将企业转变为一个学习型组织，增强对快速变化环境的适应性。企业再造的范畴涉及多个方面，包括对企业战略的再评估和调整、企业文化的更新、市场营销策略的革新、组织结构的优化，以及生产流程和质量控制系统的改进。通过这些综合性的改造，企业能够在市场中更加灵活和有效地运作。

五、柔性管理的实施对策

（一）决策柔性化

传统决策理论通常强调决策目标的选择应遵循最优化原则，寻求在给定条件下的最佳解决方案，但在现实情况中，追求最优化决策往往难以实现，并可能导致因过分理论化而缺乏实际应用价值。而以满意准则替代最优化准则，决策者可以基于已有的信息做出令人满意的决策，而不是固执地追求唯一的最佳解，从而赋予决策过程更大的灵活性。这种从最优化准则到满意准则的转变，实际上是决策从刚性到柔性的过渡。

传统的"一言堂式决策"属于刚性决策，其往往具有主观、片面、武断的特点，有时会为企业带来不可预测的风险和损失，甚至引发严重矛盾。相比之下，"群言堂式决策"更加强调各方人员的独立性和自由表达，允许人们自由地发表观点、意见和建议。在这些观点、意见和建议的基础上，通过综合分析、优中选优、相互补充，形成的决策可以称为柔性决策。这种决策的最大优势在于能够尽可能避免刚性决策带来的错误和风险，并增强决策的全面性和有效性。通过这样的过程，决策能更贴近实际情况，更好地适应复杂多变的市场环境。

（二）信息管理柔性化

刚性信息通常是单一化的，而柔性信息则表现为灵活和多样化。柔性管理，作为一种人本主义的管理，强调以激发人的主动性、积极性以及创新精神为基础，并涉及多个层面，如物质和精神层面。在这种管理模式下，所需的信息不应是单一化的，而应是灵活和多样化的。这种灵活和多样化的信息可以从多个角度进行分类。例如，根据不同的分类标准，信息可被划分为静态信息与动态信息、内部信息与外部信息、物质层面的信息与精神层面的信息等。这些分类方式提供了从不同视角观察问题的途径，它们之间常常存在交叉或重叠，同一条信息从不同的角度来看，可同时属于多个分类。例如，某个信息既可以是动态的，同时可以关联到企业的内部和精神层面。

（三）组织结构柔性化

在管理实践中，企业应高度重视柔性化管理的应用，采纳以人为本的管理思维。在组织内部，无论是员工配置、人力资源管理还是开发等，都需要充分考虑柔性化的元素，以确保建立有效的内部运行和管理机制。柔性化的组织结构是一种灵活、适应性强的新型组织形态，它通过减少管理层级、简化管理职能、优化人力资源配置而形成，这种组织结构在静态的构架下呈现出动态的运作方式。在柔性化组织结构中，掌握不同知识的人员分别分布在多层次的网络状结构中，有利于加快知识和信息的交流与共享，促进知识产品之间的互补，提高整体的组织绩效。柔性化的组织结构综合了等级型组织机构和计划小组的优点，既降低了组织管理的协调成本，又显著提高了组织的响应速度，能够更有效地应对快速变化的市场和业务环境。

（四）分权式的民主化管理——作业管理

在分权式的民主化管理中，领导层将部分决策权下放给员工，使他们在自己的工作领域内拥有更多的决策空间。这种管理方式要求管理者相信员工能够做出合理的决策并对决策结果负责。与此同时，这也要求员工具备一定的决策能力以及独立思考和创新能力，能够在没有直接上级指导的情况下自主工作。

分权式的民主化管理还需要建立有效的沟通机制和反馈系统，在这种管理体系下，沟通不仅涉及上下级之间的，也包括横向的、全方位的。员工之间的互动和交流成为推动工作进展和创新的关键因素，管理者的角色也从指令性的领导转变为协调者和辅导者，更多的工作是提供资源支持，而不是直接干预工作的具体执行。

（五）奖酬机制柔性化

柔性化的奖酬机制不再是单一、刚性的薪资体系，而是一个更加灵活、多元化的激励系统，旨在满足不同员工的个性化需求和激发他们的工作动力。①柔性化的奖酬机制需要结合员工的工作绩效、职业发展路径和个人偏好。例如，对于那些重视职业成长的员工，企业可以将提供更多的培训和学习机会作为一部分的奖励；对于注重工作与生活平衡的员工，企业可以为他们提供更加灵活的工作安排，如远程工作、弹性工时等；对于直接影响企业业绩的关键岗位员工，除了基础薪资，还可以设置绩效奖金、股权激励等。②柔性化的奖酬机制应当具有透明性和公平性，以确保员工对奖酬体系的理解和认可。这需要企业在制定奖酬机制时，充分考虑员工的意见，保持沟通渠道的畅通。例如，企业可以定期进行员工满意度调查，了解员工对奖酬机制的看法，并据此做出调整。③柔性化的奖酬机制还应关注团队和个人之间的平衡，虽然鼓励个人提升绩效很重要，但同样重要的是激励团队合作和共同目标的实现。例如，可以设置团队绩效奖励，鼓励团队成员共同努力达成目标。

参考文献

[1] 田占广，冷思平，王明雪. 现代企业管理与创新 [M]. 南昌：江西科学技术出版社，2020.

[2] 马晓辉，罗荣华，张威. 现代施工企业财务管理与审计实务 [M]. 武汉：华中科技大学出版社，2022.

[3] 贺清君. 企业人力资源管理全程实务操作：HR 管理者高效工作指南 [M]. 3 版. 北京：中国法制出版社，2018.

[4] 张爽. 企业战略管理 [M]. 延吉：延边大学出版社，2018.

[5] 丁仁忠，严寿蘩. 现代企业管理基础 [M]. 上海：立信会计出版社，2000.

[6] 杨帆. 现代企业管理与创新模式研究 [M]. 北京：北京工业大学出版社，2021.

[7] 姜永盛. 柔性管理理念在企业人力资源规划中的应用 [J]. 商场现代化，2023（23）：83–85.

[8] 王婷婷. 大数据时代企业人力资源管理的创新途径 [J]. 商场现代化，2023（23）：113–115.

[9] 王慧. 关于现代企业经济管理出现的问题与处理对策分析 [J]. 商场现代化，2023（23）：131–133.

[10] 李佶锢. 大数据时代背景下企业经营管理的挑战与措施 [J]. 商场现代化，2023（23）：134–136.

[11] 康可.在深化企业改革中要强化企业管理[J].商场现代化，2023（23）：137-139.

[12] 李汀菲.数字化转型、融资约束与企业双元创新[J].商场现代化，2023（23）：149-151.

[13] 武鹏巍.数字经济背景下企业商业模式创新研究[J].商场现代化，2023（23）：61-63.

[14] 杨丽萍，陆岷峰."双碳"目标下数字绿色金融发展模式研究[J].金融与经济，2023（12）：78-87，96.

[15] 周莹.ESG表现对流通企业绿色技术创新的影响机制研究[J].商业经济研究，2023（23）：164-167.

[16] 丁展志.企业如何利用现代企业制度优势留住人才[J].商展经济，2023（22）：107-110.

[17] 王越，吴青云.探讨新形势下将柔性管理融入企业人力资源管理的策略[J].现代商业，2023（22）：113-116.

[18] 李明达.市场经济条件下企业经济管理模式的创新[J].环渤海经济瞭望，2023（11）：86-89.

[19] 薛红.基于核心竞争力的民营企业文化建设研究[J].中国市场，2023（33）：80-83.

[20] 王学瓅，刘颖.财务柔性对企业成长性的影响研究：基于融资约束的调节效应[J].商业经济，2023（12）：150-152.

[21] 陈恒睿.新形势下的企业经营管理创新策略分析[J].中国集体经济，2023（32）：50-53.

[22] 孙全胜.数字经济赋能企业绿色技术创新的三重路径研究[J].中州学刊，2023（11）：26-32.

[23] 梁斌.建筑施工企业项目文化建设的问题与路径探索[J].现代企业，2023（11）：137-139.

[24] 白世杰.数字化转型、柔性税收征管与企业创新能力[J].财会通讯，2023（22）：32-37.

[25] 陈桂香．用核心价值观引领企业文化建设 [J].上海企业，2023（11）：75-77.

[26] 柏宇光．新时期企业管理模式创新发展探究 [J].老字号品牌营销，2023（21）：130-132.

[27] 王宇婷，易加斌．数字经济产业园区企业网络嵌入、数字化能力与开放式创新 [J].技术经济，2023，42（10）：81-93.

[28] 廖东声，肖梦雨，陈曦．开放式创新视角下企业自主创新能力提升路径研究：来自柳工的探索性单案例分析 [J].生产力研究，2023（10）：105-111.

[29] 魏启迪，苏文．开放式创新对中小企业创新绩效的影响 [J].科技管理研究，2023，43（19）：124-134.

[30] 卫克艳．浅议现代企业管理如何加强组织文化建设 [J].商场现代化，2023（3）：112-114.

[31] 张玉刚，刘沛，张耀明，等．数智时代下电网企业组织形态进化论 [J].中国电力企业管理，2021（27）：36-37.

[32] 李茝然，蒋丽．谈"互联网+"时代企业组织的发展 [J].辽宁师专学报（社会科学版），2021（1）：5-6，9.

[33] 廖晓航．现代企业组织架构改革与管理 [J].商讯，2021（3）：99-100.

[34] 李新，朱彧谦．浅谈信息化时代的企业组织结构变革 [J].河北企业，2020（10）：21-22.

[35] 白雯羽．现代企业组织中行动者与标准化制度间的张力研究 [J].重庆电子工程职业学院学报，2020，29（2）：17-19.

[36] 张国珍．绿色并购与重污染企业技术创新：来自中国上市公司的证据 [D].济南：山东大学，2021.

[37] 刘宇．新创企业外部知识搜索对产品创新的影响研究 [D].长春：吉林大学，2022.

[38] 刘飒．企业创新视角下企业社会责任对资本成本的影响研究 [D].大连：东北财经大学，2022.

[39] 刘倩羽．N 公司企业文化诊断及对策研究 [D].昆明：云南财经大学，2022.

[40] 周晓辉.数字经济影响中小企业技术创新的机理与效应研究 [D]. 天津：南开大学，2022.

[41] 杜乐芸.中国企业品牌国际化的营销策略研究：以消费电子行业为例 [D]. 杭州：杭州师范大学，2021.